모두가 늙었지만
아무도 죽지 않는다

HITO HA SHINENAI by OKU Shinya

오쿠 신야 지음
이소담 옮김

초고령화 시대, 웰다잉을 위한 죽음 수업

모두가
늙었지만

아무도
죽지 않는다

RHK
알에이치코리아

목차

1장 ○ 아파도 죽지 않는다
: 인생 120년이 현실이 된 시대

2장 ○ 돈이 수명의 질을 결정한다
: 장수와 경제력의 관계

3장 ○ 흔들리는 삶과 죽음의 가치관
: 각자의 '마지막 얼굴'을 향해서

초고령화 시대,
죽음은 삶의 일부가 된다

자, 먼저 질문을 던지겠습니다.

여러분은 몇 살까지 살게 될까요?

70세? 90세? 아니면 한참 젊은 40세? 아니면 120세 정
도? 우선 지금 떠올린 그 나이를 따로 적어두세요.

그렇다면 여러분은 그 나이까지 살 수 있다고 확신합니
까? 확실하지 않다고 생각한다면 어떤 원인이 있을까요?
어쩌면 그 나이를 넘어서도 살아갈 수 있겠다고 생각합
니까?

저는 오쿠 신야라고 합니다. 의료미래학을 연구하지요. 의사로 쌓은 첫 경력은 방사선과 전문의로 CT, MRI 등 영상 진단을 담당하거나 방사선을 사용해 암을 치료했습니다. 프랑스 유학을 다녀온 후로는 컴퓨터를 활용하는 의료정보학 등의 연구에 매진했습니다. 새로운 마음가짐으로 공부해 MBA(경영학 석사 과정)를 취득한 10년 전부터는 글로벌 제약회사나 의료기기 업체 여러 곳에서 근무하면서 의학을 다방면으로 바라보는 일에 많은 시간을 투자했습니다. 이런 종합적인 경험을 비료로 삼아 여러분에게 의료의 미래를 전달하는 일에 자신의 존재 의의가 있다고 느꼈고 그렇게 지금에 이르렀습니다.

현대 의학은 장족의 발전을 이루었습니다. 의학의 진보 속도는 20세기 후반부터 가속하기 시작했고, 21세기가 된 지 20년 이상 지난 지금은 그 경향이 극한에 이르고 있습니다. 그에 따라 인생이 길어졌지요. 단순히 길어진 것이 아니라 질적인 변화도 일어났습니다.

의학의 진보가 인간에게 장수를 선사한다고 했을 때, 여러분은 장수라는 단어에 어떤 인상을 품었나요? 긍정적인가요, 아니면 의외로 부정적인가요?

유사有史 이래 인간의 삶은 죽음이라는 존재에게 지배받았습니다. 개인의 삶 뿐만 아니라, 가족과 같은 소규모 집단의 삶이나 사회와 같은 큰 집단의 삶 역시 마찬가지였습니다. 역사적으로 살펴봐도 인류는 어느 날 갑자기 찾아온 사건 같은 죽음에게 매번 큰 영향을 받았습니다. 죽음은 삶의 반대편에 있는 부정적인 존재였고, 인간의 생활방식이나 삶을 대하는 사고방식에도 긴 그림자를 드리웠습니다. 그런 의미에서 우리는 죽음에 얽매여 있었습니다.

그런데 지금, 의학의 진보가 죽음의 속박에서 점차 인류를 해방하고 있습니다. 완전하게 해방될 순간, 산의 정상이 그리 멀지 않은 곳에 존재합니다. 이제 잠시 발을 멈추고 여기까지 올라온 산길을 돌아보면 예전과는 전혀 다른 풍경이 보일 것입니다.

의학이 진보한 결과, 그 진보의 은혜를(일부러 '은혜'라고 표현했으나 무조건 좋은 일만은 아닐 수도 있습니다. 영향이라고 하는 편이 좋을까요?) 가장 많이 누리는 존재는 죽음으로부터 멀어진 우리들입니다. 이제 현대인은 의학적인 죽음이 무엇인지도 제대로 이해하지 못하는 상황에 놓였습니다.

그럼 서두의 질문을 조금만 바꿔보겠습니다.
여러분은 몇 살에 죽고 싶습니까?

앞서 한 질문인 '여러분은 몇 살까지 살게 될까요?'와 차이점은 주체성의 유무입니다. 두 번째로 던진 질문은 주체적으로 죽음을 선택할 수 있는지를 묻고 있습니다.

자, 그렇다면 이번에 여러분이 떠올린 나이가 조금 전과는 달라졌을까요, 아니면 그렇게 다르지 않을까요?

만약 여러분 마음속에 떠오른 두 가지의 나이가 다르다면, 적극적으로 죽음을 선택하길 바란다고 시인하는 셈입니다. 좋아요, 그렇다면 어떤 방법을 생각할 수 있을까요?

첫 번째 질문과 두 번째 질문의 답을 어디든 적어두고 이 책의 1장부터 읽어주시길 바랍니다.

인류가 '죽음과 삶은 완벽히 별개의 존재'라고 생각한 이유는 죽음은 제어하지 못한다는 전제가 있었기 때문입니다. 그런데 의학의 발달로 죽음과 삶의 관계성이 크게 바뀌면서 급속도로 패러다임이 전환되고 있습니다. 죽음은 이제 '삶의 정반대'가 아니라 '삶의 일부'로서 우리를 비롯한 살아 있는 모든 것에게 그 존재 의의를 질문합니다.

물론 예외는 있습니다. 큰 병에 걸려서 지금은 눈앞에 닥친 고통에만 모든 신경이 쏠린 사람이나 인생에 건강 이외의 심각한 문제가 생겨서 어떤 주제든 긍정적으로 생각하지 못하는 사람, 이런 이들에게 이 책이 주장하는 '살아가는 각오'나 '먼 미래에 죽을 준비'라는 메시지는 잔혹할 수도 있습니다. 그래도 괴로운 단계를 지나는 중인 이들도 포함해 우리 모두 지금 이 순간 살아 있습니다. 설령 당장은 생각하지 못하더라도 삶과 죽음의 문제는 모든 인간에게 공통적으로 언젠가는 눈앞에 닥치게 됩니다.

이 책이 삶을 최대한 누리고픈 여러분에게, 또 삶을 누리는 것을 망설이는 여러분에게 이정표를 제공할 수 있으면 좋겠습니다.

1장

아파도 죽지 않는다

인생 120년이 현실이 된 시대

뒤바뀐
삶과 죽음의 양상

기원전 420년경 고대 그리스의 히포
크라테스는 의학을 주술이나 기도와 구별해 일종의 과학
으로서의 기반을 구축했다. 물론 히포크라테스의 의학은
현대 의학의 시점에서 보면 오류도 많고 다양한 병을 치료
할 수준은 아니었다.

히포크라테스 시대부터 20세기에 이르기까지 질병은

인간이 감히 어쩌지 못하는 존재였다. 언제 찾아올지 모르는 큰 병이나 죽음을 두려워하는 삶, 이것이 일반적인 '삶의 양상'이었다. 오래오래 장수를 누리다가 노쇠해 죽는 사람은 드물고, 대부분 돌연 병에 걸려 목숨을 잃었다. 이것이 당시 '죽음의 양상'이었다.

한편, 현대는 '쉽게 죽지 않아도 되는' 시대가 되었다. 특정 연령대가 어떤 병에 취약한지 미리 알고 있기에 어느 정도 예방할 수 있다. 행여 병에 걸려도 치료법이 있고 약도 있다. 그 결과, 계획했던 인생의 이벤트를 대부분의 사람들이 경험할 수 있다.

언제 어떤 병에 걸릴지 전혀 예측할 수 없고 병을 발견해도 손쓸 방도가 없던 시대와 비교하면 훨씬 계획적으로 살 수 있다. 이것이 현대적인 삶의 양상이다.

따라서 스스로를 해치며 마냥 무분별하게 살지 않는 한은 자기 몸이 어떤 식으로 쇠약해지고 몇 세쯤에 죽을지도 지금은 대략 예상할 수 있다. 죽음의 양상까지도 계획할 수 있다. 삶도 죽음도 예측 가능한 개념으로 바뀌고 있다고 표현할 수 있다.

인류가 전염병으로부터
해방될 날

의학의 역사란 전염병과 맞서 싸운 역사이기도 하다. 20세기까지 수많은 인간을 죽음에 이르게 한 최대 원인은 전염병이었다.

전염병은 유사 이전부터 존재했다. 다만 소규모로 집단을 이뤄 수렵과 채집으로 생활하고 인구 밀도가 그다지 높지 않았던 원시 시대에는 설령 전염병이 발생해도 감염

된 집단이 사멸하면 종식되었으므로 세계적인 유행으로 번지지 않았다.

그 후, 인간들이 대규모 집단으로 정착하고 동물을 가축으로 사육하며 농경 생활을 시작하자 '인수 공통 전염병'이 유행하기 시작했다. 인간과 동물이 가까워지면서 동물의 병이 인간에게 옮는 사례가 늘어난 것이다. 또한 인간이 먼 곳까지 이동하고 교류하게 된 것 또한 전염병 유행에 큰 영향을 주었다.

1492년, 탐험가 크리스토퍼 콜럼버스가 아메리카 대륙에 도달하자 유라시아 대륙의 인간, 동물, 식물, 음식과 함께 전염병까지 아메리카 대륙으로 유입되고 '교환'되었다. '콜럼버스 교환Columbian Exchange'이라고 부르는 이 사건을 계기로 전염병이 세계적인 규모로 퍼졌다. 이처럼 전염병 유행에는 인간과 동물의 근접, 인간과 인간의 교류라는 두 가지 요인이 크게 작용한다.

현대처럼 의학이 발달하지 않았던 시대에는 전염병이 유행하면 마을 하나가 사라질 정도의 여파를 남겼다. 대항해 시대 이후 먼 거리까지 이동할 수 있게 되자 세계적인 유행도 종종 일어났다.

당시 감염자 격리, 손 씻기, 소독이라는 개념이 아예 없지는 않았으나, 예방 대책으로 체계화되지 못했고 철저하게 지키지도 않았다. 따라서 효과적으로 단기간에 전염병을 억제하기는 어려웠다. 전염병의 세계적인 유행은 인류가 감당할 수 없는 두려운 사건으로 역사서나 문학 작품에도 종종 등장한다.

고대 이집트 제18왕조 때의 벽화에 한쪽 다리가 위축·마비된 환자의 모습으로 그려졌다는 '소아마비'나 제20왕조의 파라오 람세스 5세의 미라 머리 부분에 발진 흔적으로 남았다는 '천연두'. 14세기에 세계적으로 대유행해 유럽 인구 3분의 1에서 3분의 2, 약 2,000만 명에서 3,000만 명의 목숨을 앗아갔다고 하는 '페스트'. 20세기 초 세계적으로 대유행해서 제1차 세계 대전의 사망자인 900만 명의 여섯 배에 가까운 수의 사망자를 냈다고 하는 '스페인독감'. 9000년 전부터 이미 존재했고 메이지 시대(1867년 2월 13일부터 1912년 7월 30일까지 - 옮긴이) 일본에서 국민병이라고 불릴 정도로 환자 수와 사망자 수가 늘었으며 지금도 완벽하게 억제하지 못한 '결핵'……. 역사에 등장한 전염병의 이름을 꼽으면 끝이 없다.

페스트 유행 당시, 인류는 그야말로 속수무책이었다. 유행 지역에서 온 배를 항구에 40일간 그저 정박시키고 페스트가 유입되지 않았는지 확인한 후에 상륙을 인정하는 원시적인 방법 이외에는 대책이 없었다. 그 '40일'이 현대 검역quarantine(40일을 의미하는 베네치아의 방언 quaranta giorni에서 유래한 것으로 추정-옮긴이)의 어원이 된 것은 상징적이다.

그랬던 인류가 20세기에 들어서면서 전염병을 어느 정도 억제할 수 있게 되었다. 후생노동성(우리나라의 보건복지부, 고용노동부의 기능을 담당하는 일본의 행정 조직-옮긴이)의 통계에 따르면 1950년 일본인의 사망 원인 1위는 결핵이었다. 그런데 결핵은 이 해를 경계로 사망 원인 1위의 자리를 잃었다. 페니실린을 비롯한 항생제가 보급된 덕분이다.

1983년 미국에서 처음으로 확인된 에이즈도 전염병이다. 당시에는 불치병으로 불렸고, 미국에서 에이즈 치료법 연구를 위해 일반적인 기준보다 거액의 국가 예산을 투입

할 만큼 심각한 병이었다. 작가 아이작 아시모프, 화가 키스 해링, 가수 프레디 머큐리 등 세계적으로 명성을 떨친 유명인들이 차례차례 에이즈로 목숨을 잃었다.

그런데 현재는 에이즈를 둘러싼 풍경이 완전히 달라졌다. 효과적인 예방약이 개발된 덕분에 에이즈로 사망하는 인원수가 격감했다. 적절한 치료를 받는다면 이제 에이즈로 죽지 않는다. 환자는 질병과 공존하며 발병 전과 거의 다를 바 없이 생활할 수 있다.

21세기에 들어서도 새로운 전염병이 하나둘 등장했다. 2003년 발생한 '중증급성호흡기증후군SARS'이나 2012년에 발생한 '중동호흡기증후군MERS', 또 2020년 들어 전 세계로 유행이 확대된 '코로나바이러스감염증COVID-19'은 지금도 여전히 진정될 기미가 보이지 않는다.

그래도 사스와 메르스는 억제하는 데 성공했다. 코로나바이러스감염증도 2020년 2월 염기 서열이 과학 저널 「네이처Nature」에 게재되었고 2020년 중에 여러 개의 백신이 개발되어 전 세계에서 접종을 시작했다.

치료약이나 백신을 만드는 기술과 체제도 코로나의 등장

으로 크게 진화했다. 그중에서도 siRAN(저분자 간섭 RNA) 등의 핵산 의약(DNA나 RNA 같은 핵산을 이루는 뉴클레오타이드를 기본 골격으로 하는 약물―옮긴이)과 mRNA(메신저-RNA) 신약 기술이 시민권을 얻은 것, 'PCR' 같은 단어, '화이자·모더나·아스트라제네카' 같은 제약 회사의 이름을 누구나 알게 된 지금 이 상황은 앞으로의 전염병 대비 풍경을 대대적으로 바꿀 것이 분명하다.

가까운 미래에 인류는 전염병의 위협에서 해방될 것이다. 물론 전염병이 소멸한다는 뜻은 아니다. 앞으로 새로운 전염병이 등장해도 의료 대책이나 백신 및 치료법 개발이 예전과 비교도 안 되는 빠른 속도로 진행되어 십중팔구 병을 억제할 수 있게 된다는 의미다.

끝까지 맞서
싸워야 할 질병들

　20세기부터 전염병의 위협은 크게 줄어들었지만 인류는 그 외의 병들과는 어떻게 싸워왔을까?
　히포크라테스 시대부터 근대까지 전염병뿐 아니라 심질환도 상당히 많이 발병했을 것이다. 다만 광범위하게 유행해 수많은 사망자를 낳는 전염병과 비교하면 그다지 문제시되지 않았으리라 추측할 수 있다.

애당초 20세기 중반까지 의학은 심질환에 대응할 수준에 도달하지 못했으므로 효과적인 치료법이 전혀 없었다. 따라서 일단 심질환이 발생하면 죽음을 기다릴 수밖에 없었다. 20세기 중반까지는 의학이 미력하게나마 싸워볼 수 있는 대상이 전염병 정도였다고 보는 게 정확하다.

결핵이나 폐렴 치료법이 없었던 18세기에도 50세 이상 살았던 사람은 있었다. 그러나 태어난 후부터 만 1세 이전의 사망률, 이른바 유아 사망률이 높았기에 인간의 평균 수명은 35세 정도였다. 이 시대에는 돌연사가 현대와 비교도 안 될 정도로 많았다. 어제까지 아무 문제 없이 일상생활을 하던 사람이 오늘 갑자기 죽는 일도 드물지 않았다.

당시 의료 기술은 아주 원시적인 대증요법(환자를 치료할 때 원인이 아니라 증세에 대해서만 실시하는 치료법 – 옮긴이)에 머물렀다. 어떤 병에 걸려도 '안정을 취하라', '물을 섭취하라', '따뜻하게 하라' 같은 평범한 조언이나 범용적인 약을 처방하는 것 말고는 치료법이 없었다.

일본인의 평균 수명은 종전 직후에야 간신히 50세를 넘겼다. 그 후로는 고도의 경제 성장과 때를 같이하여 의료 기술도 눈부시게 진보했다.

앞서 페니실린을 비롯한 항생물질이 보급되면서 결핵이 일본인 사망 원인 1위에서 내려왔다고 설명했다. 1972년에는 노동안전위생법이 제정되어 노동자들의 정기적인 건강진단이 의무화되었다. 그러나 현대 의학 수준을 구구단에 비유하면, 이 시기의 의학은 고작해야 1단이나 2단 수준이었다.

1980년대 이후, 마침내 과학적 근거에 기반한 체계적인 의료로 변화하는 '초기 의료 이노베이션'이 시작되었다. 의학 이외의 학문도 함께 발달한 덕분에 가능한 일들이 늘어났다. 영상 진단이 좋은 예시다. 몸 안을 한 방향에서, 그것도 장기가 겹친 상태로만 볼 수 있었던 X선 사진으로는 병변을 관찰하는 데 한계가 있었다. CT(컴퓨터 단층촬영 기기)나 MRI(자기공명 단층촬영법) 덕분에 여러 방향에서 장기를 관찰하게 되자 진단의 정밀도가 크게 높아졌다.

유전자 분석 결과를 바탕으로 효과적인 신약 개발이 진행되면서 고칠 수 있는 병도 늘어났다. 건강했던 사람인데 감기가 심해져서 폐렴으로 발전하고 우왕좌왕하는 사이에 급사하는 경우 등은 눈에 띄게 줄었다.

이때쯤 인류가 싸우는 대상은 '전염병'에서 '암'과 '심질환', '뇌질환'으로 달라졌다. 전염병으로 죽는 일이 격감한 덕분에 이런 질병들이 인간의 목숨을 빼앗는 치명적인 원인으로 군림하게 되었다.

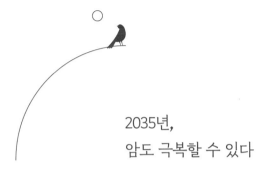

2035년,
암도 극복할 수 있다

암이 죽음과 직결되는 중병으로 두려움의 대상이 된 것은 20세기 후반부터다. 전염병을 극복해 인간이 장수하게 된 결과, 췌장암이나 담관암을 제외한 '경과가 긴 암'에 걸리는 사람이 늘었다. 이 말은 곧 암에 걸려도 바로 죽지 않는다는 뜻이다. 암에 걸려도 수년, 수십 년을 사는 사람이 늘고 있다.

환갑이 되기 전에 대부분의 사람들이 세상을 떠났던 시대에 암은 그다지 큰 문제가 아니었다. 대부분 암에 걸리기 전에 전염병 등 다른 병으로 죽었기 때문이다. 현재 인간의 평균 수명이 점점 늘어나는 추세고 암은 나이를 먹을수록 발병률이 증가하는 병이다. 현대에 이르러 암 환자가 늘어나는 건 필연이다.

따라서 여러 국가는 암을 극복하기 위해 연구에 거금을 투자하기 시작했다. 그러나 이렇다 할 연구 성과를 좀처럼 내지 못했다. 성과를 내지 못한 한 가지 이유로 암이라는 질병이 지닌 다양성이 있다. 전반적인 공통점도 있지만, 암의 양상은 환자에 따라 그야말로 제각각이다. 진행 정도에 따라서도 치료 반응이 달라지기에 유형화하기 어렵고 표준적인 치료를 적용하기 쉽지 않다.

상황이 호전한 것은 1990년 후반부터다. 수술, 방사선, 항암제 등을 조합한 치료로 고칠 수 있는 암이 많아졌다. 어떻게 이런 일이 가능했을까? 암이 유전자 이상 때문에 일어나는 유전자 질환이라는 사실을 알아낸 덕분이다.

2000년대 들어 유전자 분석 기술이 눈에 띄게 진보했고, 2003년에는 인간 게놈 분석을 완료했다. 그 결과 더욱 획기적인 암 치료법이 등장했다. 암세포만 핀포인트로 노려서 없애는 '분자 표적약', 암세포 때문에 제동이 걸린 면역세포를 깨워 다시 암세포를 공격하게 하는 '면역 체크포인트 억제제'를 개발했다.

이 밖에도 종양 용해 바이러스를 사용한 치료약, 광면역요법 같은 새로운 치료법이나 신약 연구가 진보했다. 암에 걸려도 이제 죽지 않아도 된다. 인간은 머지않아 대부분의 암을 '극복'할 수 있다.

2022년, 암 치료는 분자 표적약과 면역 체크포인트 억제제를 어떻게 조합하면 좋을지 최적의 답을 찾는 단계에 들어섰는데, 아직은 그 최적의 답이 '미개발'인 경우가 많아 당장 치료할 수는 없다. 또 방대한 후보군이 있어도 실제 사용할 수 있는 확률은 절대 높지 않다. 효과나 안전성 면에서 이론대로 흘러가지 않는 경우도 아주 많다. 예를 들어 천 개의 후보가 있으면 그중 하나가 약으로 승인받을까 말까인 정도로 신약 개발은 확률이 낮은 세계다.

그래도 최적의 신약을 찾아내는 길이 미약하게나마 보

이는 상태이기에 전 세계의 제약 회사가 불철주야 연구 중이다. 모든 암에 대한 해답을 찾기까지는 아직 시간이 더 걸릴 테지만, 과거 치료약이 늘어나던 추세나 개발 상황 등을 고려해 보면 2035년에는 거의 모든 암이 치료가 가능해질 것이다.

이미 위암, 직장암, 대장암, 유방암은 조기 발견·조기 치료하면 극복할 가능성이 큰 병이 되어가는 추세다. 혈액암인 백혈병도 이제는 불치병이라고 하기 어려울 만큼 치료법과 약이 진화했다. 예외는 있어도 암이 발병한 이후 사망하기까지의 여명이 대부분 몇 년 정도, 긴 사람은 십 년을 훌쩍 넘는다. 암세포를 잘라내거나 혹은 적절히 관리하면서 오래 사는 사람도 있다. 발병하기 전의 인생보다 발병한 후의 인생이 긴 사람도 상당수 있다.

바야흐로 암이라는 질병의 위상이 변화하고 있다. 목숨을 단기간에 빼앗는 불치병에서 치료가 가능한 병으로 탈바꿈하는 중이다.

이렇게 설명하면, 사람들은 '위암이 급격히 진행돼서 목숨을 잃은 사람도 있다', '내 친구는 젊은데 암으로 죽었다'

등의 예시를 말한다. 또한 최전선에서 싸우는 의사들은 '암은 그렇게 단순한 병이 아니다'라고 반론할 수도 있다.

물론 아직 극복할 전망이 보이지 않는 암이 있다. 대표적인 예가 췌장암과 담관암이다.

췌장이나 담관은 CT 검사나 초음파 검사로 살펴보기 어려운 위치에 있어서 암세포가 있어도 발견하기 매우 어렵다. 통증이나 기능 장애 같은 자각 증상이 잘 드러나지 않고 눈에 띄지도 않아 모르는 사이에 병세가 진행된다. 검사해서 발견했을 때는 이미 늦어버린 경우가 많은, 몹시 어려운 병이다.

운 좋게 병을 발견해도 수술이 쉽지 않다. 췌장이나 담관은 장기 자체가 외부에서 도달하기 어려운 위치에 있다. 주변에 중요한 장기가 밀집해서 침투나 파종(암세포의 전이 패턴) 같은 증세가 생기기 쉬워 정상인 부분과 병이 진행된 부분을 수술을 통해 분리하기 어렵다는 문제도 앞을 가로막는다.

그래도 20세기 후반과 비교하면, 착실하게 암을 극복하는 방향으로 나아가고 있는 것이 사실이다. 최근 30년간 각종 암의 5년 생존율(암 진단을 받고 5년 후에 생존하는 환자의 비율) 변화나 사망률 상위를 차지하는 병의 변천을 보면 위암, 대장암, 폐암 등 한때 불치병으로 여겨진 암으로 사망하는 일이 줄었다. 장기적인 관점으로 보면 암이란 병은 분명 고비를 넘는 과정 중에 있다.

극복 가능성이 커진 질병은 암 이외에도 있다. 근위축성 측색경화증ALS이나 척수성 근위축증SMA과 같은 난치성 신경병도 회복 전망이 보인다.

ALS는 근육을 움직이는 신경 세포(뉴런)에 이상이 발생해 뇌의 지시가 근육에 전해지지 못해 손발뿐 아니라 목이나 혀 등에 장애가 생기는 병이다. 증상이 진행되면 호흡에 필요한 근육까지 움직이지 않아서 결국 죽음에 이르게 된다(다만, 지각 기능이나 내장 기능 등은 보통 영향을 받지 않는다).

2019년 7월, 도호쿠 대학 연구 그룹이 ALS 환자의 세포에서 iPS 줄기세포를 만들어 병을 재현하고, ALS 발병 원인인 유전자를 특정했다. 이 발견이 옳다면 원인 유전자를 표적으로 삼는 분자 표적 약의 개발도 그리 멀지 않았으므로 기대가 크다.

SMA는 척추의 신경 세포 장애로 사지 근력이 저하되고 근위축이 진행되는 병이다. 근디스트로피(근위축증, 근이영양증이라고도 부른다. ─옮긴이)나 파킨슨병과 마찬가지로 신경 세포가 변화해 발생하는 유전성 희소 질환이다. 이 SMA도 2020년 3월 스위스 대형 제약사 노바티스가 개발한 치료약 졸겐스마가 후생노동성의 승인을 받아 보험 적용되어 2세 미만 유아를 치료할 수 있게 되었다.

ALS나 SMA를 비롯한 난치성 신경병은 심근이나 호흡근이 마비될 정도로 증상이 진행되면 기능을 회복하는 치료는 거의 불가능하다고 알려졌다. 그래도 근육에 장애가 생기는 만 2세 이전에 신경 세포의 이상을 바로잡을 수 있으면 발병을 미리 막을 수 있다.

결과적으로, 난치성 신경병으로 인해 죽음에 이르는 상황도 앞으로는 점점 줄어들 것이다.

인공 장기는 더 이상
SF 소설이 아니다

　　　　　　노화한 장기를 기계 부품처럼 교환
하는 인공 장기도 이제는 꿈만 같은 이야기가 아니다.
　의사들 사이에서 장기란 '하나의 기능을 담당하는 신체
일부'를 의미한다. 따라서 장기라는 말을 듣고 일반인이
제일 먼저 떠올리는 심장, 폐, 간장, 신장만이 장기가 아니
다. 심장 판막, 혈액, 치아, 머리카락도 전부 장기다.

그러므로 나이가 들어 하얗게 탁해진 수정체를 인공 수정체(인공 렌즈)로 바꾸는 백내장 수술이나 대동맥 판막을 인공 판막으로 바꾸는 수술도 천연 장기를 인공 장기로 대체하는, 장기 이식의 일종이다.

의료 현장에서 피부나 눈의 인공 장기는 이미 실용화가 임박했다. 눈은 iPS 세포 기술로 각막을 교체하는 임상 응용이 진행되었다. 피부의 경우 환자에게서 채취한 피부를 배양해 만든 피부 시트를 이미 화상 치료에 쓰고 있다. 3D 프린터 기술이 눈부시게 진보한 덕분에 환자에게 안성맞춤인 인공 피부를 만들 수 있다.

심장은 iPS 세포 기술을 쓴 심근 시트가 실용 단계에 돌입했다. 심근 세포로 바뀌는 iPS 세포를 3D 프린터의 바이오 잉크에 활용해 자발적으로 작동하고 혈액을 내보내는 심장 조직을 만드는 연구도 진행 단계다.

그렇다면 폐는 어떨까? 미국 텍사스 대학 의학부 연구팀이 2018년 8월, 바이오 엔지니어링 기술로 배양한 폐를 돼지에게 이식하는 데 성공했다. 돼지는 순환기 계통의 구조나 기능이 사람과 흡사하다. 언젠가는 인간에게 이식할

폐도 배양할 수도 있을 것이다.

이 책에서 전부 설명할 수는 없으나 눈, 피부, 심장, 폐, 관절(팔꿈치·무릎) 등의 인공 장기 연구는 대부분 밝은 전망이 보인다. 앞으로는 신장, 간장, 혈관처럼 어려운 장기로 연구의 중점이 바뀔 것이다.

신장도 휴대형 투석 치료 장치가 곧 완성될 것으로 예상된다. 성체 줄기세포 혹은 iPS 세포 기술 연구를 의욕적으로 진행하는 중이어서 신장 자체를 통째로 교체하는 인공 신장을 완성해낼 희망의 빛이 보인다.

지금 시점에서 모든 장기의 인공 장기를 만드는 일은 불가능하다. 그래도 일부 장기를 인공 장기로 교체하는 기술이 등장한 덕분에 우리는 점점 더 죽지 않는 존재가 되어간다.

물론 모든 병을 극복하기란 쉽지 않다. 앞서 언급한 췌장암이나 담관암처럼 발견이나 접근이 어려운 병, 증상 사례가 압도적으로 적은 병(초희귀 질환, 울트라 오펀ultra orphan이라고 한다. 일본에서는 환자 수 1,000명 이하로 정의한다) 대부분은 치료약을 개발하지 못해 아직 극복할 전망이 보이지 않는다. 예전과 비교해 돌연사는 격감했으나 지주막하출혈, 대동맥박리, 급성 심근경색처럼 발병한 뒤 죽음에 이르는 시간이 짧고 효과적인 해결책을 찾지 못한 병도 있다. 특히 대동맥박리는 발병 원인에 의문점이 많아서 뭘 어떻게 조심하며 살아야 예방할 수 있는지조차 밝혀내지 못했다.

그래도 20세기에 들어선 후로 의학의 급속한 발전 덕분에 인류는 무수한 병을 극복해냈다. 인간이 쉽사리 죽음에 이르지 않는 시대가 되었다. 이는 부정할 수 없는 사실이다.

현대인은 점점 더
건강해지고 있다

돌연사가 줄고 사람이 예전처럼 급작스레 죽지 않게 된 요인이 병의 극복에만 있지는 않다.

다른 요인 중에서도 특히 중요한 요인이 현대인의 향상된 기초 체력이다. 그 배경에는 개선된 영양 상태, 흡연율의 저하, 적절한 응급 의료 체계가 있다.

'포식의 시대'라고 불리기도 하는 지금은 상상하기 어려울 정도로 예전 일본인은 영양 상태가 좋지 않았다. 식량이 부족해서 어른이나 아이 할 것 없이 늘 굶주리는 상태가 1960년대까지 이어졌다. 당시 대부분의 이들은 식사를 즐길 여력 없이 생명을 유지하기 위한 최소한의 영양을 섭취하느라 필사적이었다.

그래도 전후 50년간을 살펴보면 일본인의 영양 상태는 크게 개선되었다. 고도의 경제 성장으로 소득이 높아지고, 공중 위생(상하수도 보급, 보건소의 임산부 및 유아의 건강 진단)과 공중 영양(영양 전문직 제도 구축, 지역별 영양 개선 활동) 관련 정책, 학교 급식 보급 등으로 일본인의 체격은 점진적으로 커졌다[자료 1].

그런데 1980년대에 들어서자, 노화 때문에 발생한다고 여겼던 당뇨병, 고지혈증, 고혈압, 고요산혈증이 젊은이들에게서도 많이 발병했다. 그에 따라 국가도 생활 습관병을 관리하기 시작했다.

1996년 공중위생심의회는 '식습관, 운동 습관, 휴양, 흡연, 음주 등 생활 습관이 발병·진행에 관여하는 질환군'을 생활 습관병으로 정의하고, 전국민을 대상으로 생활 습관

자료 1) 1947~2019년 일본인의 체격 변화

연령별 BMI[●] 추이

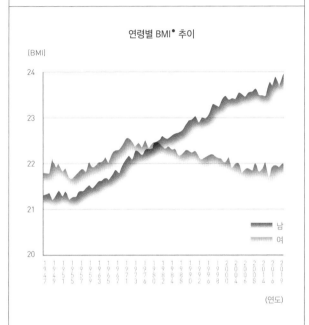

● BMI body mass index

: 체중과 신장에서 산출해 인간의 비만도를 나타내는 지수

※ 남녀 합계 1980년 연령 구성에서 20세 이상의 성·연령별 BMI를 가중 평균

출처: 사회 실정 데이터 도록(https://honkawa2.sakura.ne.jp/2200.html)

원 자료: 국민건강·영양조사(후생노동성, 1974년 신장 체중 조사 없음)

병 예방을 대대적으로 호소하기 시작했다(2014년 후생노동백서).

1990년대가 되자, 보험회사 주도하에 환자와 환자 예비군 집단을 대상으로 각종 접근법을 통해 집단의 질병 위험도를 낮추는 질병 예방 지원 서비스 '디지즈 매니지먼트disease management'라는 개념을 미국에서 도입했다(널리 침투하기 시작한 것은 2000년대에 들어선 후부터다). 정부는 이 디지즈 매니지먼트를 응용해 2008년 생활 습관병 예방 및 개선을 목표로 '특정 건강 진단·특정 보건 지도' 제도를 시행했다. 일반적으로 '메타보 건강 진단'이라고 부른다.

생활 습관병에 효과적인 약도 등장했다. 고혈압에는 질 좋은 강압제, 고지혈증에는 2000년 스타틴(혈액 속의 콜레스테롤 수치를 낮추는 약)이 개발되어 널리 보급되었다. 병을 예방하자고 사회적으로 널리 호소하고 의학의 진보로 병을 관리할 수 있게 됨으로써 생활 습관병으로 건강에 문제가 생기는 사람이 줄어들었다.

흡연율 저하도 현대인의 기초 체력 향상에 큰 역할을 담당했다.

담배 연기에는 발암성 물질이 약 70종류나 들어 있다. 흡연은 이런 유해 물질이 든 연기를 폐 깊숙이 집어넣는 행위다. '모닥불 연기 위에 심장 혈관을 놔두는 거나 마찬가지'라고 표현하기도 한다.

흡연의 악영향으로 가장 많이 꼽히는 것이 암이다. 앞서 암은 유전자 이상으로 일어나는 유전자 질환이라고 설명했다. 즉 흡연은 인간의 유전자에 영향을 준다. 일본 국립암센터는 암으로 사망한 남성의 34퍼센트, 여성의 6퍼센트에게 담배를 원인으로 지목했다(국립암센터가 운영하는 웹사이트 '암 정보 서비스 http://ganjoho.jp').

흡연은 암 이외에 다른 병의 원인도 된다. 협심증이나 심근경색 같은 허혈성 심질환, 뇌졸중 같은 뇌혈관 장애, 만성 폐쇄성 폐질환COPD 같은 호흡기 질환 등 각종 질병을 일으킨다.

담배의 악영향은 본인에게만 미치고 끝나지 않는다. 담배를 피우지 않는 주변인의 건강에까지 피해를 줘서 골칫거리다. 간접 흡연과 병의 인과 관계도 각종 연구로 밝혀졌다.

간접 흡연으로 인한 사망자 수는 연간 약 1만 5,000명에 달한다. 간접 흡연에 노출된 사람과 그렇지 않은 사람을 비교하면, 전자가 뇌졸중에 걸릴 확률이 후자의 1.3배, 허혈성 심질환은 1.2배, 폐암은 1.3배, 영아 돌연사 증후군SIDS은 4.7배나 된다(후생노동성 「흡연과 건강: 흡연이 건강에 미치는 영향에 관한 검토회 보고서」, 2016년).

일본담배산업JT의 '전국 담배 흡연자 비율 조사'가 시작된 1965년, 일본인의 흡연율은 매우 높아서 남성이 82.3퍼센트, 여성이 15.3퍼센트였다. 그때는 전철 플랫폼의 기둥마다 재떨이가 있었고, 아침에 집에서 담배를 뻐끔뻐끔 피우며 조간 신문을 읽는 사람들의 모습도 흔했다. 전철 안 좌석에도 재떨이가 설치돼 있었다. 지금의 10대나 20대라면 도저히 믿지 못할 텐데, 그때는 그런 광경을 당연하게 목격했다.

그 후 각종 연구로 담배가 건강에 악영향을 미친다는 사실이 밝혀지자, 국가는 담배의 세액을 올리기 시작했다. 담배가 비싸지면 흡연을 그만두는 사람이 생겨나고, 따라서 건강을 해치는 사람이 줄어들기 때문이다.

1990년에 들어서면서는 공공장소에서 흡연이 점차 제한되었다. 기존에는 흡연석과 금연석이 따로여서 담배를 피울 수 있었던 항공기는 1999년 기내 흡연을 전면 금지했다. 고속철도 신칸센도 1976년에 최초의 금연 차량을 도입했다.

길거리 흡연도 조금씩 제한되었다. 2002년 도쿄도 지요다구가 길거리 흡연 금지 조례를 제정한 것을 시작으로 전국 각지의 자치 단체에서 길거리 흡연을 제한하거나 금지하는 조례가 잇따라 제정되었다.

병원에서는 흡연 장소의 이용 시간을 철저히 제한하지 않으면 의료기능평가기구가 시행하는 인정 제도에 불합격하는 시스템을 도입했다. 2020년에 개정된 건강증진법은 병원을 전면 금연 구역으로 바꾸고, 흡연 장소와 이용 시간에 제한을 두는 것도 인정하지 않는다.

이런 사회적인 시책이 성과를 거둬 2018년 일본인의 흡연율은 남성 27.8퍼센트, 여성 8.7퍼센트까지 낮아졌다('전국 담배 흡연자 비율 조사'는 2018년도 조사를 끝으로 종료). 사회 전체가 흡연을 제한하는 움직임은 일본인의 건강 증진을 이루어내는 데 큰 역할을 담당했다.

예전에도 간접 흡연의 피해가 있었겠지만 당시 사회는 사람이 사람에게 미치는 해악에 자각이 없었다. 담배 연기를 싫어하는 사람이 있거나 말거나 담배 연기를 자욱하게 피우며 가정과 직장을 꾸려갔다. 레스토랑 옆 테이블에 앉은 사람이 담배를 피워도 불평하지 못하는 환경이었다. 사람이 사람에게 주는 상호 위험성에 사회가 민감해진 분위기도 건강 증진을 크게 뒷받침해주었다.

현대인의 체력이 이만큼이나 향상되고 건강 상태가 좋아졌어도 갑자기 상태가 나빠질 때가 있다. 얼마 전까지만 해도 건강했던 사람이 갑자기 병에 걸려 하루도 버티지 못하고 목숨을 잃는다. 이런 돌연사의 원인 중 6할 이상은 심근경색, 심근증, 판막증, 심부전 같은 심질환이 차지하고 다음으로 많은 것이 뇌경색이나 뇌출혈 같은 뇌혈관 질환이다.

이런 병은 평소 아무리 건강 관리를 잘해도 막는 데 한계가 있어 보였다. 쇼와 시대(1926년 12월 25일부터 1989년 1월 7일까지를 말한다. - 옮긴이)까지는 실제로 그랬다. 그러나 지금은 심질환이나 뇌혈관 질환이 발병해도 살아남는 사례가 늘었다.

그 이유로 충실한 응급 의료 체계를 꼽는다. 일본의 경우 누구든 구급차를 무료로 이용할 수 있다. 자력으로 병원에 가지 못해도 119에 전화하면 어떻게든 처치해준다. 환자를 수용하는 응급 지정 병원은 지역에 따라 분포의 차이는 있어도 전국 각지에 있다.

환자 수송, 구급차 안에서의 응급 처치, 수송된 의료 시설의 치료 절차에 이르기까지 응급 의료 체계가 잘 확립되어 있어서 응급 환자를 짧은 시간 안에 의사의 관리하에 적절한 치료를 시작할 수 있다.

영상 진단 장치의 진보와 보급도 심질환 및 뇌혈관 질환을 신속하고 정확하게 치료할 수 있게 돕는다. 일본은 도시의 대형 병원뿐 아니라 지방 병원도 영상 진단 설비를 갖췄다. 구급차로 10킬로미터 정도 달리면 대부분 CT가 있는 병원에 도착한다. 이는 세계적으로도 드문 경우다. 일본은 MRI 보유 수도 많아서, 유럽 전체의 MRI 수보다 더 많은 MRI가 설치되었다고 한다[자료 2].

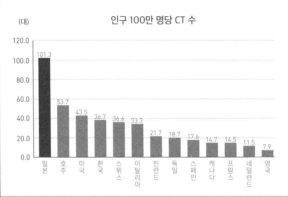

자료 2) 국가별 CT·MRI 설치 대수 비교
(후생노동성 「제3회 의료계획 재검토에 관한 검토회」 자료를 바탕으로 작성)

인구 100만 명당 CT 수

(대)

일본 101.3
호주 53.7
미국 43.5
한국 36.7
스위스 36.6
이탈리아 33.3
핀란드 21.7
독일 18.7
스페인 17.6
캐나다 14.7
프랑스 14.5
네덜란드 11.5
영국 7.9

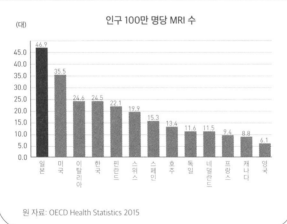

인구 100만 명당 MRI 수

(대)

일본 46.9
미국 35.5
이탈리아 24.6
한국 24.5
핀란드 22.1
스위스 19.9
스페인 15.3
호주 13.4
독일 11.6
네덜란드 11.5
프랑스 9.4
캐나다 8.8
영국 6.1

원 자료: OECD Health Statistics 2015

미국에서는 위독한 응급 환자를 24시간 체제로 수용하는 것이 목적인 거점 병원에 가지 않는 한 CT가 없다. 환자가 있는 위치에 따라 거점 병원까지 물리적 거리가 굉장히 멀 때도 있다.

일본에서 구급차를 수용하는 응급 병원은 어디나 CT나 MRI가 설치되어 있다. 초음파 검사 장치도 '틀림없이'라고 해도 좋을 만큼 보유한다. 빈사 상태로 응급 수송된 환자를 초기 치료하려면 환자의 몸에 어떤 일이 벌어졌는지 정확하게 파악해야 한다. 이럴 때 영상 진단이 활약한다.

예를 들어 뇌에 문제가 생겨 수송된 환자라면, 뇌출혈이냐 뇌경색이냐에 따라 치료의 방향성이 달라진다. 진찰만으로 어떤 병인지 알기 어려울 때, 영상 진단을 곧바로 할 수 있는 환경을 갖췄다면 정확하게 진단을 내려 환자의 목숨을 구할 수 있다.

돌연사의 원인이 되는 심질환이나 뇌혈관 질환은 손쓸 수 없는 상태에 빠지는 '죽음의 보더라인' 직전에 적절한 치료를 할 수 있는지가 중요하다. 심근경색이 발병했을 때 집에 아무도 없어서 구급차를 부르지 못한 경우나 1인 가

구여서 뇌출혈이 일어나도 아무도 알아차리지 못해 시간이 흐른 경우가 있을 수 있다. 이런 상황에서는 죽음의 경계선을 넘기게 된다.

바꿔 표현하면, 죽음에 이르기 전에 적절한 치료를 하면 목숨을 건질 확률이 대폭 상승한다는 것이다. 가까이에 사람이 있거나 최소한 휴대폰 배터리만 넉넉하다면 응급 의료 체계나 영상 진단 장치가 돌연사에서 우리를 구해줄 가능성이 커진다(그러니 혼자 사는 사람은 항상 배터리 충전에 신경 쓰도록).

미래의 병까지
치료하는 예방의학

2023년 현재, 세상에 존재하는 모든 병을 예방할 수 있는 것은 아니지만, 앞으로는 치명적인 많은 질병들을 미리 발견하게 될 가능성이 크다. 이제는 병을 치료하는 것에서 더 나아가 병에 걸리기 전에 그 원인을 끊는 '예방의학'이 발달한다. 이 역시 인류의 수명을 늘리는 데 크게 공헌할 것이다.

예방의학을 든든하게 뒷받침해주는 배경이 유전자 분석 기술이다.

과거 50년에 걸쳐 유전자 분석 분야는 획기적인 진보를 이루어냈다. 2000년대 중반에 유전자 분석을 고속 처리하는 '차세대 시퀀서'가 등장하면서 유전자 의학의 진보가 한층 가속되었고 일정 수준까지 완성에 가까워졌다. 이 유전자 분석 기술과 개별 병에 대한 지식을 조합하여 유전자의 이상을 탐지함으로써 특정 병을 조기에 알아차리고 심각해지기 전에 예방할 수 있다.

유전자 이상을 발견해 병을 예방한 유명한 사례가 배우 안젤리나 졸리의 유방 절제 수술이다.

졸리는 유방암과 난소암 발생률을 높이는 유전성 유방암·난소암 증후군HBOC의 원인 유전자면서 암 억제 유전자기도 한 BRCAI에서 변이를 발견, 의사로부터 '앞으로 유방암이 발병할 확률은 87퍼센트'라고 진단받았다. 졸리의 모친은 난소암으로 56세에 세상을 떠났다. 진단 결과를 심각하게 받아들인 졸리는 아직 암에 걸리지 않은 양쪽 유방 절제를 결심하고 수술했다.

2013년 5월, 졸리가 이 사실을 「뉴욕타임스」에 공표하자 전 세계적으로 화제가 되었다. 그 결과, 유전자 진단을 받고 필요하다면 암을 예방하기 위해 유방을 절제하고 싶다는 여성들이 세계 각국에서 나타났다.

이처럼 유전자 분석 기술은 이미 높은 수준에 도달했고 특히 암 분야에서 큰 성과를 보인다. 장래에 암 환자가 될 사람에게는 어떤 유전적 특징이 있을까? 그 사람이 실제로 암이 발병한다면 어느 정도 증상에 어느 정도 속도로 병이 진행될까? 환자 개개인의 유전자를 분석하면 이런 정보까지 알아낼 수 있게 되었다.

유전자를 상류에서 제어하는 '에피게놈epigenome(후성유전체)' 연구가 진전된 것도 앞으로 병을 예방하는 데 크게 이바지할 것이다. 에피게놈은 식사, 운동 습관, 생활 리듬 등으로 유전자의 활동을 제어한다. 세계 각지의 연구자가 에피게놈 연구를 왕성하게 진행 중이다.

예방의학에서 빠트릴 수 없는 또 한 가지가 '센싱'이다. 몸에 장착하는 타입인 IoT 기기에 달린 센서를 활용해 다양한 생체 정보를 24시간 365일 지속해서 계측하고 수치로 변환해 가시화하는 기술이다.

스마트워치 같은 손목시계형 웨어러블 디바이스를 팔에 장착하면 심박수, 소비 열량, 체온, 걸음 수, 이동 거리, 수면의 질까지 데이터로 관리할 수 있다. 손목시계형 이외에도 안경형, 의류형 등 다양한 웨어러블 디바이스가 등장했고, 그것으로 얻어내는 생체 데이터의 종류도 풍부하다.

현재까지는 센싱으로 얻을 수 있는 생체 정보를 활용하는 방향이 한정적이다. 정보를 얻긴 했으나 건강 유지나 병을 조기에 발견하는 데 활용할 수 있을지 아직 확실하지 않은 부분도 있다.

그러나 센싱 연구가 더욱 진전되면, 생체 정보가 예상치 못한 병의 지표를 찾아낼 가능성이 있다. 생체 정보에 엄청난 가치가 있음을 깨닫게 되면, 센싱 기술도 비약적으로 진화할 것이다. 자택, 직장, 지하철, 자동차에 당연히 센서가 붙어 있는 세상이 될지도 모른다. 센서는 식사, 목욕, 업무 중에도 시종일관 우리를 지켜보고, 얻어낸 데이터를 분석하여 충고해주거나 긴급할 때 적절한 대처법을 제공해준다. 방마다 설치된 에어컨이 생체 정보를 모으는 역할을 할 미래가 올 가능성이 매우 크다.

지금까지는 의사의 오감에 의지했던 진찰도 센싱으로 대체되는 미래가 온다. 70세 의사는 의료 경험이 풍부하고 실력도 대단하지만, 센싱 머신으로서는 노화했다. 청진을 예로 들면, 30세 의사에게는 들리는 소리가 70세 의사에게는 들리지 않을 수도 있다. 반면 센싱이라면 의사의 나이나 경험 때문에 진단 수준이 좌우되지 않는다.

가까운 미래에는 진료실에 환자가 들어오면 센서가 체온이나 안색을 측정하여 건강 상태를 판별해줄 것이다. 나아가 의사들이 지닌 수십 년분의 증상 사례와 데이터를 학습한 AI 진단이 실용화되면 장래에 환자가 걸릴 가능성이 높은 병을 감지하고 예방할 수 있다.

그렇게 되면 돌연사는 점점 더 줄어든다. 평소 건강 상태도 지금보다 훨씬 양호하게 유지할 수 있다. 나이를 먹어도 세상을 떠나기 바로 직전까지 하고 싶은 일을 하며 인생을 마음껏 누리는 삶이 현실이 된다.

AI는 결코
오진하지 않는다

병을 치료하는 첫 과정으로 의사가 환자를 진찰하여 증상을 파악하고 치료 방침을 결정하는 '진단'은 중요하다. 진단이 틀리면 아무리 효과 좋은 신약도 최신 기기를 활용한 치료도 소용없다. 병을 치료하고 수명을 연장하려면 진단 과정의 오진을 최대한 줄여야 한다.

AI라면 각종 병의 정보를 망라한 데이터베이스를 작성하고 환자의 기본 정보, 검사 데이터, 증상 등과 대조해 인간보다 훨씬 정확한 진단을 내릴 수 있다.

안타깝게도 인간은 누구나 실수를 저지른다. 의사도 예외는 아니다. 많은 오진이 의사의 착각이나 억측, 육체적·정신적 피로 등의 영향으로 판단 미스가 생겨 발생한다. 이 말을 바꾸면, 착각하거나 억측할 일 없고 피로감을 느끼지 않으며 감정적으로 반응하지 않는 AI라면 인간보다 안정적이고 정확한 진단을 할 수 있다는 뜻이다. '휴먼 에러'로 인한 오진의 위험성은 줄어든다.

정확성뿐 아니라 속도에서도 인간은 AI를 이기지 못한다. 경력 40년의 베테랑 의사는 여태껏 본인이 배워온 지식과 경험에 의지해서만 진단할 수 있다. 물론 이것도 인간의 행위로는 매우 높은 수준의 업무에 속한다.

반면에 AI는 어떤가? AI라면 의사 경력 40년인 인간의 머릿속에 축적된 의학 지식과 임상 경험을 배우는 데 수십 년씩 걸리지 않는다. 증상 사례나 과거 논문 같은 방대한 데이터를 인간보다 단기간에 학습할 수 있다. 또한 그 모든 정보를 순간적으로 추출하거나 대조하는 일이 특기다.

특히 CT나 MRI 영상 진단은 앞으로 빠르게 AI로 대체될 것이다. 이미 AI 진단이 인간의 능력을 능가하는 사례도 나왔다.

2016년, AI의 유방암 병리 진단의 정확성을 경쟁하는 콘테스트 'CAMELYON 16'에서 우승한 AI의 정확성은 0.994(수치가 1에 가까울수록 정확성이 높음)였다. 비교 대상인 열한 명의 병리 의사의 정확성 평균치는 0.810. AI가 인간을 크게 능가한 결과였다.

게다가 AI는 겨우 몇 초 만에 129장이나 되는 영상 진단을 해서, 뛰어난 정밀도와 압도적인 속도를 증명했다. 2016년에는 바둑 분야에서도 AI 알파고가 세계 최고의 기사 이세돌을 이겼다. 한 해에 두 가지 일이 겹친 것은 우연이지만, AI의 진화 속도를 실감한 해였다.

AI는 인터넷 등 정보 분석 테크놀로지와 친화성이 좋아 인터넷을 활용한 원격 진단이나 자동 진단의 실현과 보급에도 크게 공헌할 것이다. 의료 세계, 특히 진단 과정에서는 그리 멀지 않은 장래에 AI가 데이터 분석과 대조를 하고 최종 결과를 참고해서 '인간 의사'가 진단하는 방식이 주류가 될 것이다.

AI가 인간 의사를 대신할 시대가 이제 머지않았다. 이는 곧 우리의 수명이 점점 더 늘어난다는 의미기도 하다.

120년까지 연장된
인간의 수명

인간의 생물학적 예상 수명은 몇 살 정도일까? 이를 주제로 다양한 연구가 진행됐는데, 종합하면 대략 '120세' 정도가 아닐까 생각한다.

2016년 「네이처」에 알버트 아인슈타인 의과대학 연구팀의 인간 수명에 관한 연구 결과가 발표되었다. 이에 따르면 100세를 넘긴 사람의 수명이 늘어나는 페이스가 최근 20년 사이에 둔화했고, 105세를 넘긴 사람이 늘어나지 않았으므로 인간 수명의 한계는 115세 정도로 볼 수 있다고 한다. 이 정도 나이까지 가면 5세나 10세 정도의 차이는 무의미하다. 따라서 나는 인간 수명의 한계를 115세에서 반올림해 딱 떨어지게 120세라고 본다.

아프리카에 서식하는 벌거숭이두더지쥐 연구를 살펴봐도 인간의 생물학적 수명은 120세 정도로 보는 것이 타당하다. 구글을 비롯한 여러 기업과 연구 기관은 최근 벌거숭이두더지쥐 항노화 연구에 거액을 투자했다. 장수의 비밀을 찾기 위해서다. 벌거숭이두더지쥐의 수명은 30년. 일반적인 쥐와 비교해 열 배나 긴 수명이다.

쥐 중에 이렇게 장수하는 종이 있다면, 인간에게도 적용할 수 있지 않을까? 신약 제조 현장에서는 우선 실험용 쥐로 실험해보고 효과가 있으면 서서히 몸집이 큰 동물 실험으로 옮겨가 최종적으로 인간에게 임상 실험을 한다. 벌거숭이두더지쥐처럼 일반적인 쥐보다 열 배나 장수하는 종이 있다면, 인간 중에도 평균의 몇 배나 장수하는 사람이 있으리라는 생각도 뜬금없는 소리는 아니다.

의학계에서는 인간 장기의 수명을 대략 50년 정도로 본다. 쥐의 아종인 벌거숭이두더지쥐처럼 인간 중에도 이상적인 환경이 갖춰지면 150세 정도까지 사는 인간이 있어도 이상하지 않다.

그 정도로 장수하면 그때까지 살면서 축적한 생활 습관의 결과도 상당한 영향을 미칠 테니 상한치인 150세에 도달하기란 아무래도 어렵다. 역시 120세 정도가 인간의 생물학적 수명의 표준 수치라고 봐도 지장 없을 것이다.

종전 직후인 1947년, 일본인의 평균 수명은 남성이 50.06세, 여성이 53.96세였다. 그렇다고 모두 다 50세 전후에 죽은 것은 아니다. 그보다 훨씬 장수하는 사람도 있었다. 50세라는 기준점을 넘어 어느 정도 지나면 마침내 60세, 환갑을 맞이해 성대하게 축복했다.

그 두 배인 120세를 표현하는 '대환갑'이라는 단어도 있다. 이런 말이 있는 것 자체가 놀라운데, 반대로 생각하면 일본인이 긴긴 역사를 살아오면서 120세 이상 사는 인간이 없다는 것을 알았다는 뜻이리라. 그럼에도 나는 최고의 생존 환경을 갖추고 돌연사를 겪지 않는다면 120세 정도까지 사는 것이 이론상 가능하다고 생각한다.

지금까지 인류 대부분이 120세까지 살지 못했던 가장 큰 이유는 병에 걸려 죽음을 맞이했기 때문이다. 그런데 지금, 의료 테크놀로지가 경이로운 진화를 이루어냈다. 과거와 비교해 인간이 병으로 죽는 일이 압도적으로 줄었다.

의학과 의료 기술은 앞으로 더욱 빠른 속도로 진화한다. 그와 발맞춰 병으로 돌연히 목숨을 잃는 일은 지금보다 훨씬 더 감소한다. 100세 시대를 넘어서 인생 120년이 점점 더 현실성을 띠는 것이 현재의 시대다.

100살까지 사는 인생,
2050년에는 일상

2050년, 의학과 의료 기술의 진보로 어지간한 병은 다 치료하는 시대가 되었다.

인류의 역사를 돌이켜보면 질병과 전쟁을 벌인 역사이기도 했다. 새로운 치료법이나 약이 만들어진 덕분에 페스트, 콜레라, 결핵, 코로나바이러스감염증으로 인한 사망이 격감했다. 한때 사인 1위였던 암으로 죽는 사람도 많이 줄었다. 이제 에이즈도 죽음에 직결하는 병이 아니다.

모든 병이 사라진 것은 아니다. 지금도 암 환자는 많다. 다만 나을 수 있다. 완치까지 가진 못해도 이제 암은 즉각적으로 생명을 위협하는 존재가 아니다.

나도 서른 살 때 암에 걸렸다. 그래도 치료를 받아 암에 걸리기 전과 다를 바 없이 살고 있다. 결혼해서 아이도 낳았다. 일도 계속한다.

돌연사라는 단어는 이미 '사어死語'나 마찬가지이다.

부모님이 젊었던 시절에는 직장에서 진행하는 건강검진이나 개인이 따로 검진을 받을 때 이외에는 건강에 관해 깊이 생각하지 않았다고 한다.

지금은 진화를 거듭하면서 작아진 웨어러블 단말기를 누구나 몸에 지닌다. 집의 욕실, 화장실, 침대에도 센서가 달려 있다. 혈압, 맥박, 호흡 수 같은 라이프 로그가 24시간 365일 기록되고, 국가에서 지정한 개인의 '주치의'에게 자동으로 공유된다. 병의 증후가 보이면 AI가 감지해 진찰을 권유하는 메시지를 보내므로 이른 시기에 치료를 받을 수 있다.

덕분에 2050년인 지금은 사람들이 보통 100살까지 사는 시대가 되었다. 과거 '인생 100년'이라는 말이 유행했다는데, 그 말이 현실이 된 것이다. 100살인 사람이 이제는 전혀 드물지 않다. 정부는 몇 년 전부터 '100세 고령자 표창' 제도를 폐지했다. 100년 이상을 사는 일이 너무 당연해졌기에 65세 이상의 면세도 폐지되었고, 100세를 맞이한 사람도 납세 의무가 있다.

- 1장에서는 우리의 인생이 길어진 요인을 살펴보았다.
- 과거와 비교하면 우리는 인생을 훨씬 '계획적'으로 살 수 있다.
- 의학과 의료 기술은 앞으로 점점 더 빠르게 진화하여 인류가 쉽게 죽지 않는 시대를 뒷받침한다.
- 100살까지 사는 게 당연한 시대일 때, 우리의 생활 방식에 어떤 변화가 일어날지 생각해보자.

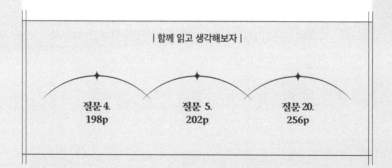

| 함께 읽고 생각해보자 |

질문 4.
198p

질문 5.
202p

질문 20.
256p

2장

돈이 수명의 질을 결정한다

장수와 경제력의 관계

다병장수 시대,
급증하는 의료비

　　현대 의학이 앞으로 더 많은 질병들을 극복하면 인류는 지금보다 더 장수한다는 사실은 틀림없다. 그러나 인간은 언젠가 죽는다. 죽음이라는 마지막 순간으로 향해 가면서 신체가 노화하는 것은 피할 수 없다. 수명이 늘어나도 영원히 건강할 수는 없다. '죽지 않는 시대'는 '불로불사의 시대'가 아니다.

나는 인간의 장기는 대부분 '내구연한(물체를 원래 상태대로 사용할 수 있는 기간 – 옮긴이)'이 대략 50년 정도라고 본다. 일본 여성의 평균 완경 나이가 약 50세(일본산부인과학회 홈페이지)라는 데이터가 있다. 인간의 생식 능력이 50세 전후를 경계로 쇠퇴한다는 것을 시사한다. 종의 존속이라는 시점으로만 봤을 때 인간의 수명이 약 50년이라면, 그 부품인 장기의 수명도 그와 비슷하다고 생각해야 타당하다.

인생이 길어짐에 따라 소소한 신체적 불편이나 병에 걸리는 횟수는 분명 지금보다 훨씬 늘어날 것이다. 한 군데도 아프지 않은 '무병장수'가 가장 이상적이겠으나, 수명이 늘어나면 늘어날수록 이를 기대하기 어렵다.

평소 건강 유지에 힘쓰지만 그럼에도 불구하고 찾아오는 병을 잘 다스리는 '다병장수'가 미래를 살아갈 장수 인류의 자연스러운 모습일 것이다.

그렇다면 건강의 정의도 달라진다. 과거에는 건강이란 일절 병에 걸리지 않은 상태를 가리켰다. 즉, 무병장수다. 의학의 발달이 미진해 단 하나의 병이 목숨을 앗아가는 일도 있었으므로 그렇게 생각했을 것이다. 또 '일병장수'라는 말도 있다. 한 가지쯤 병에 걸리는 게 건강을 유지하려고 노력하므로 오래 살 수 있다는 의미다.

그런데 앞으로는 역사상 예시를 찾아보지 못할 만큼 인류의 수명이 길어진다. 그런 시대에 무병장수나 일병장수는 지극히 어렵다. 앞으로의 건강은 다병장수로 보아야 한다.

인생 100년을 사는 동안 병에 걸리는 일은 피할 수 없다. 피할 수 없기에 병원이나 약을 적절하게 활용하며 질병을 다스려서, 일상생활을 가능하게 만들어야 한다. 좋아하는 일, 하고 싶은 일을 포기하지 않아도 되는 상황을 만드는 것이다.

그렇기에 병원과 약은 필수가 된다. 다병장수의 건강을 유지하기 위해서 지금 이상으로 의료비에 돈을 퍼붓는 시대가 다가온다.

노화 없는 세계도
돈은 필요하다

2020년, '노화는 치료할 수 있는 병이다'라고 주장한 하버드 대학 의과대학원 교수 데이비드 A. 싱클레어의 저서 『LIFE SPAN－늙지 않는 세계』가 출간되어 큰 화제가 되었다. (국내에도 『노화의 종말』이라는 제목으로 2020년 출간－옮긴이)

싱클레어 박사가 주장한 노화 이론이 옳다면, 인류가

'늙지 않는 신체'를 가질 수 있는 미래가 온다. 그러나 설령 이 '싱클레어 세계'가 실현되더라도 미래 인류가 지금보다 더 많은 의료비를 쓰게 된다는 사실은 변하지 않는다.

우선 노화를 치료하는 약은 아마도 상당히 고가일 것이다. 2021년 6월 미국식품의약국FDA이 승인한 치매 치료약 '아두카누맙(상품명은 '아두헬름')'은 환자 한 명당 연간 5만 6,000달러, 엔화로 약 600만 엔의(대략 계산하면 한화로는 약 5,700만 원−옮긴이) 비용이 든다. 싱클레어 박사가 말하는 노화 치료도 비용이 어마어마하게 들 것이다. 극히 일부의 부유한 사람들만 치료받을 수 있으리라.

노화를 치료하는 약 덕분에 수명이 30년 늘어나더라도 언젠가 반드시 죽음이 찾아온다는 문제가 있다. 30년 동안 약이나 병원의 신세를 전혀 지지 않는다고 보기도 어렵다. "오래 살았으니까 미련은 없습니다. 더 이상 치료하지 말아주세요"라고 환자가 거부하지 않는 한, 죽기 일보 직전의 상황이 되면 각종 약을 투여하고 치료를 시도할 것이다. 수명이 늘어난 만큼 의료비를 써야 할 순간도 늘어난다.

경제력이 장수의 질을
결정한다

　　　　　　　　　　　　　　　　　의료 기술이 발달한 현재, 치료 선택
지가 과거와 비교해 상상할 수 없을 만큼 증가했다. 그러
나 지금처럼 누구나 원하는 대로 병원에 가고 치료를 선택
하는 상황은, 개인적으로 생각하기엔 오래 이어질 수 없다.
　지금 일본은 국민개보험(일본의 공공 의료보험 제도-옮긴
이)과 프리 액세스(국내 의료기관 어디든 자유롭게 선택해 진료

받을 수 있는 제도—옮긴이) 덕분에 대부분 저렴한 부담금으로 의료 혜택을 누릴 수 있다. 하지만 미래의 보험 제도는 치명적인 병만 보장하고, 이외의 치료는 자기 부담이 될 것이다. 이는 곧 돈의 많고 적음에 따라 장수의 질이 달라짐을 의미한다.

치명적인 병은 누구나 보험의 도움을 받으니 죽음을 피할 수 있다. 다만 목숨을 건진 다음의 의료비는 치명적이지 않은 한 내 지갑에서 내야 한다. 바로 이때, 돈 걱정 없이 치료를 선택하는 사람과 그렇지 못한 사람이 생긴다.

미래의 치료는 침습성(몸에 상해를 줄 가능성)이나 예후 정도에 따라 랭크가 지정되지 않을까? '특상'에서 '보통'까지 종류별로 치료가 있다면, 특상은 돈 많은 일부만이 선택할 수 있다.

예를 들어 특상을 선택한 사람은 몸에 부담이 적은 최신 로봇 수술을 받아서 입원 기간도 짧고, 퇴원 후의 경과도 좋다. 누구보다 빨리 일상을 회복해 예전과 크게 다르지 않게 산다. 보통을 선택한 사람은 수술은 받을 수는 있으나 기존처럼 시간이 걸리는 개복 수술일 수 있다. 육체적 부담이 커서 재활에 시간이 걸리고, 퇴원 후 일에 복귀하는 것도 특상을 선택한 사람보다 시간이 걸린다. 이 둘을 비교하면, 목숨을 건졌다는 점은 같으나 그 후 생활의 질에 차이가 생긴다. 즉, 경제력이 장수의 질을 결정한다.

이제 원하든 원하지 않든 우리는 장수한다. 인생 80년과 인생 120년은 사는 방식이 크게 달라질 것이다. 늘어난 만큼의 인생을 어떻게 살지 생각해봐야 한다.

나는 어차피 장수한다면 최대한 몸을 소중히 아끼며 다병장수하는 기간을 늘려서 인생 120년을 마음껏 즐기고 싶다.

그래도 죽음은 언젠가 반드시 온다. 아무리 건강 관리를 해도 우리는 언젠가 죽고, 그 전 단계에서 건강이 크게 상하기도 한다. 그럴 때, 수중에 돈이 얼마나 남았는지가 중요하다. 경제적 여유가 있다면 죽기 직전의 괴로운 단계를 즐겁고 충실한 시간으로 만들 가능성이 있다.

장애는 더 이상
핸디캡이 아니다

만약 당신이 가진 돈이 충분하다면 최신 의료 기술을 선택해 최후까지 삶을 누릴 수 있다. 장기 손상이 심해도 인공 장기로 통째로 바꿔 최후의 순간까지 하고 싶은 일을 하며 살 수 있게 될 것이다. 적절한 돈과 활용할 능력만 있다면 '인간 증강' 기술을 써서 죽기 직전까지 원하는 대로 뭐든 할 수 있다.

인간 증강이란 인간의 능력을 신체, 지각, 인지, 존재 네 가지 방향으로 증강하는 기술이다. 연관 기술로 가상 현실Virtual Reality=VR과 증강 현실Augmented Reality=AR 등이 있다.

인간 증강 기술이 있으면 신체 능력이 떨어져도 스포츠를 즐기거나 외국 여행을 가고, 건강하던 시절에 먹었던 스테이크를 맛보는 체험도 할 수 있다. 이미 팬데믹으로 수학여행을 가지 못한 고등학생들이 VR 서비스를 이용해 여행 체험을 즐기고 있다. 3D 프린터로 실제 고기 같은 식감을 내는 기술을 써서 치아가 나쁘거나 삼키는 기능에 문제가 있는 고령자에게 음식을 제공하는 사업을 펼치는 기업도 있다.

2021년 6월에는 외출이 어려운 종업원이 로봇을 원격 조작해 서비스를 제공하는 카페 '분신 로봇 카페DAWN ver.β'가 일본 니혼바시에 개점해 화제를 모았다. 오리연구소가 개발한 이 로봇을 조작하는 파일럿은 근위축성측색경화증ALS이나 척추성근위축증SMA 등을 앓아 이동이 어려운 사람들이다. 시선을 움직여 조작하는 로봇을 자기 아바타 (분신)로 삼아 접객과 서빙을 한다. 장애인이 사회 활동을 하는 데 가장 걸림돌이 되는 것이 통근인데, 아바타는 이런 문제도 해결해준다.

앞으로는 신체적 이유로 사회와의 연결이 끊기는 사태는 점점 줄어들 것이다. 신체가 자유롭지 못해도 아바타가 사회 활동을 할 수 있으므로 장애가 있어도 일이나 취미를 포기하지 않아도 된다.

'인간답게 살기 위해서 최소한 이것만은 내 힘으로 하고 싶은' 일이 누구에게나 있을 것이다. 테크놀로지의 힘을 빌리면 생활의 질적인 문제를 극적으로 개선할 수 있고, 인생의 최종 단계에 이르기까지 하고 싶은 일을 내 힘으로 할 수 있다. 가까운 미래에 이런 선택지가 존재한다.

고령자의 수명이 지금 이상으로 늘어나고 최후까지 자력으로 하고 싶은 일을 하는 세계에서는 인간 증강을 위한 디바이스가 지금의 스마트폰 같은 존재가 되지 않을까? 즉, 일상생활에 없어서는 안 될 물건이 된다.

테크놀로지가 인간 행동을 돕는 일이 당연해지면, 노화는 이제 핸디캡이 아니다. 또한 지금은 '장애'라고 부르는 상태가 장애가 아니게 될 가능성이 크다.

죽음이 '행복한 한 단락'이 되기까지

평균 수명이 50세였던 종전 직후 수 년간은 인간이 언제 죽을지 예측하지 못하는 경우가 지금 보다 훨씬 많았다. 어린 나이에 죽는 아이가 현재와 비교도 안 될 정도로 많았고, 어른이 된 후에도 병이 언제 닥칠지 알 수 없었다. 따라서 사람들은 필연적으로 갑자기 찾아오는 죽음을 부정적으로 여겨 꺼리고 두려워했다.

만약 수많은 병을 극복하고 테크놀로지의 힘으로 최후까지 살 수 있다면, 죽음을 더는 불길하고 부정적인 상태로 여길 필요가 없다. 오히려 죽음을 '해냈다'는 성취감을 동반하는 행복한 한 단락으로 받아들이게 될 수도 있다.

과거보다 장수하는 만큼 앞으로는 어쩔 수 없이 돈이 많이 든다. 죽지 않는 시대를 살아가는 우리에게 돈은 무시할 수도 피할 수도 없는 문제다. 그래도 자유롭게 쓸 돈을 어느 정도 수중에 남겨두면 해결할 수 있다. 다양한 선택지 중에서 자신이 희망하는 것을 골라 장수의 질을 높이는 데 쓸 수 있다.

앞으로는 돈을 지금 쓸 것인가 나중을 위해 아낄 것인가의 판단도 중요해진다. 여기에는 생사, 삶과 죽음에 관한 개인의 가치관이 여실히 반영된다.

만년까지 자력으로 살고 싶은 사람은 돈을 최대한 모아둔다. 현역일 때 일에도 취미에도 전력을 다하고 싶은 사람은 지금 이 순간을 충실하게 살기 위해 돈을 쓴다. 대신 연명 치료에 돈을 쓰지 않고, 사회보장 제도의 범위 내에서 사는 선택을 하는 사람도 있을 것이다.

이상론과 현실론 사이에는 종종 괴리가 있다. 이 세상에는 하루 벌어 하루 먹고사느라 허덕이는 사람도 있다. 그런 사람은 돈을 넉넉하게 준비하기 힘들 것이다. 그러나 의학의 혜택 덕분에 너 나 할 것 없이 장수를 누리게 된다. 사회 제도는 이 상황을 과연 어떻게 대처해야 좋을까?

우선은 공적 보험 제도를 서서히 축소하기 시작해야 한다. 이른바 새로운 일본형 의료보험 제도다. 치명적인 질환에 대처하기 위해 (지금까지 이상으로) 제도 방향을 확 바꾸어 재정 상태를 건전하게 회복한다. 그렇게 확보한 재정을 치명적인 질환 치료에 쓰는 재원으로 삼는다.

말은 쉬워도 행동에 옮기기 어려운 일임을 알고 있다. 치명적 질환과 관련한 고액 치료를 어떻게 할 것인가? 장수에 따라오는 '그럭저럭 무거운 질환'이나 '치명적이지는 않지만 생활의 질을 상당히 떨어뜨리는 병'을 어떻게 다룰 것인가? 고민거리가 끊이지 않는다(후자의 예시로는 백내장 렌즈 교환, 심부전 치료용 기기 등 앞으로 나올 각종 인공 장기에 보험을 적용할 것인가 등을 들 수 있다). 제도를 설계해야 하는 쪽인 정부는 골치 아프겠지만, 지금까지 피하려고 했던

'언젠가는 지나야 하는 길'임은 분명하다.

　과거보다 수명이 늘면서 우리가 쓸 수 있는 인생의 시간은 확실히 늘어났다. 죽음은 예전과 비교해 훨씬 예측하기 쉬워졌다. 경제적인 비축분이 있다면 훨씬 자유롭게 삶을 디자인하고, 죽음을 '행복한 한 단락'으로 만들 수 있다. 이렇게 생각하면 인생 120년 시대는 즐거운 시간의 연장이라고 할 수 있다.

돈의 유무로 바뀌는
환자의 삶

20XX년, 일본 의료보험 재정이 마침내 위기 상황에 빠지면서 공공의료 제도가 대폭 달라졌다. 꽃가루 알레르기, 무좀, 두통 같은 치명적이지 않은 병 때문에 병원을 찾으면 눈이 튀어나올 정도의 병원비가 청구된다. 그래서 국민 대부분 민간 보험에 가입했다.

보험료가 비싼 민간 보험이 있으면 과거처럼 3할 전후의 자기 부담금만 내고 병원에 다닐 수 있다. 어지간한 치료는 받을 수 있고, 원하는 약을 선택할 수 있다. 반면에 보험료가 저렴한 민간 보험에 가입하면, 치료나 약을 원하는 대로 고르지 못한다.

어떤 민간 보험에 가입할지 고민할 당시, 나는 저렴한 보험료가 중요하다고 생각했다. '매월, 그것도 수십 년이나 내야 하니까 최대한 적게 내는 게 좋지. 최소한의 치료를 받을 수 있으면 된다. 굳이 최신 치료를 받을 필요가 어디 있어?'라고 생각했다. 그래서 나는 업계 최저 보험료를 내세우는 보험 회사의 플랜을 선택했다.

하지만 지금은 후회막급이다. 보험료가 조금 비싸도 선택지가 더 많은 보험에 들어야 했다.

지난달, 나는 병에 걸렸다. 검사해서 진단 결과 나오자 의사가 두 가지 치료법을 제시했다. 치료법 A와 치료법 B라고 해보자.

치료법 A는 최신 수술이다. 개복하지 않고 몸 몇 군데에 구멍을 뚫어 로봇 암Arm을 넣는다. 수술 시간도 짧고 상처도 금방 아문다. 즉시 재활에 들어가서 퇴원까지 이 주 걸린다. 일에 바로 복귀할 수 있다.

치료법 B는 이른바 개복 수술이다. 배를 갈라야 하므로 몸에 부담이 크고, 수술 후의 통증도 심하다. 재활에도 시간이 걸린다. 평소처럼 식사하기도 어렵다고 하고, 퇴원까지 두 달이나 걸린다고 한다. 퇴원해도 바로 일하지 못하고 자택에서 요양하는 기간이 있을 것이다. 일에 복귀해도 한동안은 수술 전처럼 일하긴 어렵다고 한다.

나는 망설이지 않고 치료법 A를 선택하고 싶었으나, 병원 측에서 내게 현실을 보여주었다. 내가 가입한 민간 보험으로는 치료법 A를 보장하지 못한다고 했다. 꼭 A를 선택하고 싶으면, 전액 자기 부담이 된다. 혹시 몰라 금액을 물어봤는데, 도저히 낼 수 있는 금액이 아니어서 포기할 수밖에 없었다.

똑같은 환자인데 돈이 있고 없고에 따라 퇴원 후 생활에 격차가 생긴다. 이게 지금 시대의 현실이다.

- 신체적 불편이나 병을 잘 다스리며 사는 다병장수가 미래를 살아가는 인간의 모습이다.
- 수명이 길어진 만큼 지금보다 1인당 의료비를 쓰는 순간이 늘어날 것이다. 그러나 국민 건강을 지키는 공공 의료보험 제도를 지금과 같은 수준으로 유지하기는 어렵다.
- 평균 수명이 계속 늘어나는 이 상황에서 사회 제도는 앞으로 어떻게 대처해야 할까?

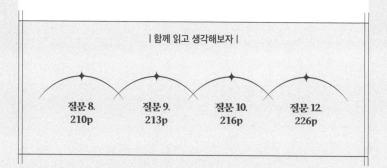

| 함께 읽고 생각해보자 |

질문 8.
210p

질문 9.
213p

질문 10.
216p

질문 12.
226p

3장

흔들리는 삶과 죽음의 가치관

각자의 '마지막 얼굴'을 향해서

이제 시나리오대로
살 수 있다

　20세기에 들어서면서 의학은 눈부시게 발전했고, 덕분에 인류는 전염병을 극복했다. 불치병으로 여겼던 암도 차츰차츰 치료법을 찾아내고 있다. 의학의 진보, 그와 함께 의료 기술도 끝을 모르고 나아간다.

　그 결과로 어떤 일이 벌어질까? 어지간한 병은 생명을 곧바로 위협하지 않는다. 돌연사가 격감하고, 많은 사람들이 장수를 누린다. 자신의 인생 시나리오를 어느 정도 그려볼 수 있다. 큰 병이 발병한 후의 여명도 길어진다.

인생 50년이던 시대에는 죽음이 일상적이었고 꼭 노화와 연결되지도 않았다. 젊든 늙었든 어느 날 돌연히 죽음이 찾아올 가능성이 있었다. 죽음이란 언제 닥칠지 모르는 것, 인생을 '강제 종료'하는 부정적인 것, 마냥 무시무시한 것이었다.

그런데 인간이 쉽사리 죽지 않게 되면 어떻게 될까?

21세기인 지금, 죽음을 대하는 의식이 여전히 조부모나 부모 세대와 똑같은 사람도 많을 것이다. '사람은 언제 죽을지 모른다', '암에 걸리면 인생은 끝장난다'라고 생각하는 사람도 있다.

실제로는 적절한 식사와 운동을 병행하면 대부분 장수하는 시대가 되었다. 설령 병에 걸려도 조기 발견해서 적절한 치료만 한다면 회복할 전망이 있다. 완치는 무리여도 일상생활에 크게 지장 없는 범위에서 병과 공존하며 살 수 있다.

병을 계기로 삶의 양상이 달라진 사람도 있다. 나의 고교 동창이자 절친인 고시모 가즈야小霜和也가 바로 그런 사람이다.

고시모는 2013년에 '연부조직 육종'이라는 희귀암을 진단받고 열다섯 시간에 걸친 대수술을 받았다. 암 수술만으로도 큰일인데 입원 중에 전염병에 걸려 긴급 수술까지 받았다. 퇴원 후에는 장애 4급 판정을 받았고 일상생활에 많은 어려움을 겪었다고 들었다.

그래도 고시모는 자신다운 삶을 포기하지 않았다. 퇴원 후, "남은 인생을 긍정적으로 바라보게 되었어"라고 말한 그는 더욱 일에 전념했다. 죽음을 의식하기 시작하자 그의 예민한 감성이 더욱더 예리해졌다. 지금 자신에게 필요하다고 생각한 부분에 리소스를 집중하기도 했을 것이다.

그 결과, 그의 사업은 암에 걸리기 전보다 훨씬 호조를 보였다. 연간 매출 최고액을 경신한 것도 큰 병에 걸린 뒤였다. 본인이 열심히 노력한 덕분에 거둔 성공이지만, 의료 기술의 진보도 무시할 수 없는 한 가지 요인이다.

애석하게도 고시모는 2021년에 세상을 떠났다. 그래도 그는 암을 인지한 후로 8년을 살았다. 말 그대로 죽기 하루 직전까지 일에 몰두했다고 한다.

고시모처럼 모두가 강인하게 살 수 있는 것은 아니다. 그처럼 살아갈 수 있는 사람이 오히려 소수일 것이다. 나도 큰 병에 걸린다면 발병하기 전처럼 일할 수 있을지 도무지 자신이 없다.

그래도 현대는 암을 인지한 후 몇 년부터 몇 십 년까지 살아가는 경우가 늘었다. 이 사실을 이해하면 삶의 양상이 달라지는 사람이 늘어날 것이다. 병에 걸렸다고 해서 하고 싶은 일을 포기하거나 주변의 도움만 받으며 살지 않는다는 사실을 알았으면 좋겠다.

죽음의 타이밍을 완벽하게 조정할 수는 없지만, 죽음을 과도하게 두려워할 필요도 없다. 죽음을 맞이하기까지 삶의 양상을 내 손으로 디자인할 수 있고, 나아가 죽음의 양상까지 디자인할 수 있다.

한창 젊을 때 원하는 바를 이루지도 못하고 돌연 병에 걸려 세상을 떠나는 사례가 격감하면, 우리는 앞날을 생각하고 계획적으로 살게 된다. 인간은 언제 죽을지 모른다고 생각하면서도 '몇 살이 되면 이 학교에 가고 싶어', '몇 살에 이런 일을 시작하고 싶어', '아이가 성인이 될 때까지는 살고 싶어', '손주가 초등학교에 입학할 때까지는 힘내고 싶어' 같은 인생 목표를 품곤 한다. 이 같은 인생 목표를 지니는 것 자체가 시나리오대로 살 수 있는 시대가 되었다는 뜻이다.

'전형적인 죽음'도
달라진다

　　본래 일본인이 바라는 이상적인 죽음은 '핀핀코로리ppK'였다. PPK가 무엇인가 하면, 조금 전까지 '핀핀(팔팔하게라는 뜻–옮긴이)' 활기차게 지내다가 급성 질환으로 갑자기 '코로리(맥없이 꼴깍 죽는 모양이라는 뜻–옮긴이)' 떠나는 것이다. 현재는 일본인의 체력이 향상되어 평균 수명이 길어졌으므로 PPK를 넘어 PPPPK가 이상적이라고 할 수 있겠다.

그런데 이 K가 어렵다. 한때 임상 현장에 있던 의사로서 경험적으로 봐도 PPK로 죽는 사람은 아주 일부다. P와 K 사이에 노화로 인한 몸과 마음의 불편함이 끼어든다.

앞으로 많은 사람이 장수하게 될 테지만, 최종적으로는 남의 손을 빌리지 않으면 생활하지 못할 정도로 쇠약해진 신체와 함께 긴긴 기간을 보내야 할 것이다. 길고 완만한 언덕을 느릿느릿 내려가는 것처럼 죽음을 맞이하게 된다.

이 기나긴 과정에서 치매가 발병하는 사람도 있을 것이다. 치매는 일반적으로 나이를 먹을수록 발병률이 올라간다. 장기에 수명이 있듯이 뇌에도 수명이 있다는 전제를 세우면, 치매에 효과적인 치료약이 개발되더라도 뇌의 노화를 영원히 막거나 회춘시킬 수는 없을 것이다. 죽지 않는 시대를 살아가는 우리는 뇌를 포함한 모든 장기가 한계까지 노쇠한 뒤에야 간신히 죽게 된다.

이런 죽음의 양상은 인류 탄생 이래로 처음이다. 우리는 미지의 영역에서 죽음을 맞이할 것이다.

정신과의 엘리자베스 퀴블러 로스는 1969년 출간한 『죽음과 죽어감On Death and Dying』에서 불치병 선고를 받은 환자들이 죽음에 이르기까지 어떤 과정을 거치는지를 풀어내 큰 화제가 되었다.

퀴블러 로스는 절망적인 소식을 들은 환자들은 다섯 가지 단계를 거쳐 죽음을 맞이한다고 보았다[자료 3].

1장에서 설명했듯이 전후 평균 수명이 늘어나면서 일본인의 사인 1위에 암이 등장했다. 당시 적절한 치료법을 발견하지 못했기에 암에 걸렸다는 고지는 '죽음 선고'와 마찬가지였다.

급성 심질환이나 뇌질환의 치료법도 아직 확립되지 않았고, 응급 의료 체계도 지금처럼 잘 갖춰지지 않았다. 따라서 돌연사도 많았을 것이다.

어떤 시대든 죽음의 과정은 사람마다 조금씩 다르다. 그래도 당시 의학 발달 상황에 따라 유형화를 시도해보았다. '20세기 전형적 죽음의 과정'은 다음 [표 1]과 같다. 21세기를 살아가는 우리 시선으로 보면 이는 이미 과거의 유물처럼 느껴질 것이다.

돌연사가 격감했으므로 ① 돌연사 유형이 줄어든 것이

자료 3) 퀴블러 로스의 '죽음을 받아들이는 5단계 이론'
(엘리자베스 퀴블러 로스 『죽음과 죽어감』을 참고해 작성)

제1단계 부정과 고립	현실이 너무도 괴로워 갖가지 감정에 짓눌리지 않으려고 부인하는 단계
제2단계 분노	타인이나 자신에게 분노를 느끼는 단계
제3단계 타협	신과 거래해서 목숨을 붙들려는 단계
제4단계 우울	죽음이라는 변하지 않는 현실과 직면해 우울 상태에 빠지는 단계
제5단계 수용	죽음을 받아들이는 단계

표 1) 20세기 전형적 죽음의 과정

❶ 돌연사 유형
· 나이 상관없이 급환으로 돌연한 죽음을 맞이한다.

❷ 공포 유형
· 치명적인 병을 선고받고 죽음을 두려워한다.
· 퀴블러 로스의 죽음을 받아들이는 5단계를 거친 후에야 수용에 이르러
  죽음을 맞이한다.

명백하기 때문이다. 의학 진보와 함께 불치병이 대폭 줄었
으므로 '죽음을 받아들이는 5단계'를 거치는 ② 공포 유형
도 줄어들었을 것이다.

한편, 현대에는 새로운 죽음의 과정이 등장하기 시작
했다. [표 2]는 내가 생각한 '미래의 전형적 죽음의 과정'
이다.

① 노쇠 유형은 2023년을 사는 우리 주변에서도 이미
많이 보인다. ② 자기 결정 유형은 안락사가 합법화되지
않은 현재 일본의 상황에는 맞지 않으나, 인생 100년이나
120년이 현실이 되면 과연 어떨까?

표 2) 미래의 전형적 죽음의 과정

❶ 노쇠 유형
· 100세 전후 고령까지 산다. 노화에 따라 병이 늘어난다.
· 치매가 발병하는 사람도 늘어난다. 신체 기능이 서서히 저하되면서 이
  윽고 죽음을 맞이한다.

❷ 자기 결정 유형
· 청년, 장년, 고령. 어떤 케이스도 가능하다. 치명적인 병에 걸린다.
· 종말기 의료를 받을지 말지 자기 의사를 가족이나 의료진과 상담해서
  결정한다.
· 종말기가 가까워짐에 따라 고통이 증대하는 경우도 있다. 사람에 따라
  안락사를 선택해 죽음을 맞이한다.

신체나 인지 기능의 쇠퇴에서 오는 육체적인 고통, 고독
이나 불안에 사로잡힌 고령자가 지금보다 훨씬 많아지리
라 예상한다. 일본에서는 아직 안락사 논의가 진행되지 않
았는데, 이는 곧 중요한 선택지로 떠오를 것이다. 실제로
외국에서는 이미 안락사가 합법인 나라나 지역이 있다. 일
본에도 안락사가 합법인 스위스로 가서 안락사를 하는 사
람이 여럿 있다.

물론 20세기 전형적 죽음의 과정도 완전히 사라지지 않

는다. 즉, 현대는 20세기 전형적 죽음의 과정과 미래의 전형적 죽음의 과정이 뒤섞인 시대다. 우리는 죽음의 양상이 바뀌는 과도기의 목격자라고 할 수 있다. 20세기와 미래의 죽음은 몇 가지 큰 차이가 있다.

20세기의 죽음은 ① 돌연사 유형이든 ② 공포 유형이든 예측 불가능한 것이 특징이다. 잘 갖춰진 응급 의료 체계도 효과적인 치료법도 없어서 저항하고 싶어도 저항하지 못했다. 병에 걸린 사람은 대부분 손도 쓰지 못하고 그저 죽음에 몸을 맡길 수밖에 없었다.

그와 비교하면 미래의 죽음의 과정은 사전에 어느 정도 예측을 할 수 있다. 의학이 발달한 덕분에 유아 사망률은 극단적으로 낮아졌다. 거의 모든 사람이 어른이 되고, 평균 수명이 50세 정도였던 시대였다면 틀림없이 장수라고 여겼을 90세, 100세까지 산다. 인간이 고령화한 끝에 어떤 경과를 거쳐 죽음을 맞는지, 몇 세 정도를 경계로 어떤 병이나 불편함을 겪는지에 대한 데이터도 있다. 지식이 있으면 만년에 잘 생기는 골절이나 치매에 대비한 준비도 할 수 있다.

물론 사람이 언제 어떻게 죽을지는 아무도 모른다. 이는 과거에도 지금도 변하지 않는 사실이다. 그래도 20세기의 죽음의 과정과 비교하면 미래의 죽음의 과정은 미리 예상하고 계획을 세우기 쉬워졌다.

그렇다고 죽기 직전까지 계속 건강을 유지하는 것은 아니다. 나이를 먹으면 먹을수록 발병률도 높아지는 암이나 치매 같은 병에 걸리는 경우는 늘어난다. 병원이나 약 신세를 지는 일 또한 늘어난다. 그렇게 서서히 쇠약해져서 이윽고 죽음에 이르기 때문이다.

더불어 의료비의 액수도 달라진다. 일본의 공공의료 제도는 많은 변천을 거치며 지금의 형태가 되었다. 한때 고령자의 자기 부담금이 제로였던 시기도 있었다. 자기 부담 비율이 낮았던 시절에 고령자는 내키는 대로 병원에 갈 수 있었고 의료비를 걱정하는 경우는 많지 않았다. 친구와 수다를 떨고 싶어서 병원에 가는 사람도 있었을 정도다.

그러나 2장에서 설명했듯이 고령자를 포함한 개인의 부담 비율은 앞으로 올라갈 일만 남았지 내려갈 일은 없다. 그런 상황에서 평균 수명이 대폭 연장되어 병원이나 약이 필수인 사람은 늘어난다. 지금까지와 같은 감각으로 편하게 병원에 다니다 보면 돈이 점점 많이 든다.

장수하지만 많은 돈이 필요한 노후가 기다리는 미래의 인간은 '사생관死生觀(삶과 죽음의 가치관)'을 새롭게 바꾸지 않으면 만년에 괴로워질 것이다. 도래한 현실과 우리를 둘러싼 의료 상황 사이에 간극이 있기 때문이다.

초장수 시대,
의료계의 한계

　　평균 수명이 50세 전후였던 시절에
는 늙기 전에 죽음이 찾아왔다. 지금 고령자라고 보는 65세
까지 사는 사람이 소수파였다. 지혜와 경험이 풍부한 고령
자는 드물었기에 존경할 만한 존재였다. 고령자의 모습을
보며 '저 사람처럼 되고 싶어.' 하고 장수를 꿈꾸는 사람도
있었을 것이다. 그때는 장수 자체에 가치가 있었다.

그런데 장수가 표준이 되면, 그 가치가 흐릿해진다. 모두가 장수하는 시대니 건강은 이제 삶의 보람도 자랑거리도 못 된다. 장수가 당연한 시대에는 오래 사는 것보다 장수의 '질'이 중요해진다.

자, 그럴 때 심신의 상태가 어떻든 의료의 힘을 빌려 한계까지 오래 살고 싶은 사람도 있을 테고, 인간관계나 건강 상태, 경제적인 부분이 부족하다면 오래 살기 싫다는 사람도 있을 것이다. 오래 살기만 하면 만족하는 게 아니라 연장된 인생을 어떻게 보낼지가 중요해진다. 그때 소중하게 여기는 가치는 사람마다 다를 것이다.

이처럼 장수에 관한 가치관은 다양해지는데, 현대 의료계가 다양한 가치관에 보조를 잘 맞춘다고 하기는 어렵다. 여기에서 현실과 의료계 사이의 차이가 벌어진다.

과거 의료 현장에서는 '환자는 의사가 하는 말을 얌전히 들으면 된다'는 식의 퍼터널리즘paternalism(온정주의)이 만연해서, 환자는 의사가 제안하는 치료법을 묵묵히 받아들여야 한다는 분위기가 현장을 지배했다. 내가 의사가 된 1980년대에는 환자에게 병명을 알려주지 않는 일이 일상적이었다. 환자나 가족도 그걸 당연하게 여겼다.

지금이야 병명을 본인에게 알려주지 않는다니 인권을 중요시하는 관점에서 말도 안 된다고 생각하겠지만, 과거에는 오히려 당연한 일이었다. 병명을 알릴 때 '선고'나 '고지' 같은 권위적인 단어가 여전히 쓰이는 점도 의료 현장이 얼마나 퍼터널리즘에 지배되었는지 보여준다.

그런 시대와 비교하면, 현재는 환자의 개인별 상황에 훨씬 더 밀접한 의료를 제공할 수 있다. 의학부 수업 때도 퍼터널리즘의 폐해나 인폼드 컨센트Informed Consent(환자가 치료법을 스스로 결정할 수 있도록 의사가 충분한 설명을 제공하는 것)의 중요성을 가르친다.

환자 본인에게도 대부분 병명을 알려준다. 의사는 환자가 요청하면 최선을 다해 설명하고 여러 치료법을 제안하는 것이 점차 당연해지고 있다. 환자가 다른 의사의 의견도 들으려고 세컨드 오피니언Second Opinion을 구하는 경우도 늘었다. 인터넷이 발달한 덕분에 환자가 직접 의료 정보를 수집할 수 있게 된 것도 기존의 권위적인 양상을 개선했다.

다만 환자가 주체적으로 치료법을 선택할 수 있는 환경

을 완벽히 갖췄다고 할 순 없다. 여전히 지방 의료 현장에서는 퍼터널리즘이 남아 있는 곳도 있다. 환자 본인에게 암이라고 알리는 것을 주저하는 의사나 환자의 가족도 적지 않다. "수술할지 말지는 선생님이 정해주세요"라며 치료법을 직접 결정하지 않으려는 환자도 있다.

치료를 받지 않는 선택을 한 환자에 대한 대처도 충분하지 못하다. 진지하게 고려한 끝에 이런 선택을 한 환자가 고통 없는 편안한 죽음을 맞이할 수 있도록 의사가 마지막까지 곁을 지키며 고심하는 경우는 그리 많지 않다.

안락사의 경우도 그렇다. 인생 말기의 고통을 견디다 못해 안락사를 절실히 원해도 일본 의료 체계 내에서는 그 바람을 이루어주지 못한다. 무슨 일이 있어도 안락사를 원하는 사람은 병으로 약해진 몸을 이끌고 안락사를 논의하기 위해 외국의 단체와 연락해 복잡한 절차를 거치고, 몸 상태가 급격히 나빠지지는 않을지 걱정하며 외국으로 나가야 한다. 그렇게 고생해도 이런저런 사정 때문에 바람을 이루지 못하는 사람도 있다. 그렇다면 직접 목숨을 끊어야겠다고 생각해 실행에 옮기는 환자도 있다.

의료계 측이 현재 상황에 발맞춰 달라지면, 우리는 죽음을 좀 더 수긍할 만한 형태로 맞이할 수 있다. 약해진 몸으로 무리해서 외국까지 나가야만 마지막 소원을 이룰 수 있는 불행한 사태도 줄일 수 있다.

안락사 그리고
존엄사

　　안락사 그리고 존엄사에 관해서는
마쓰다 준의 저서『안락사·존엄사의 현재』(주코신서,
2018년)에 잘 서술되어 있으니 자세하게 알고 싶다면 참고
하기를 추천한다. 여기에서는 중요한 점만 언급하겠다.

　먼저 정의를 설명하면, 현재 일본에서는 본인 혹은 본인
의 의사를 대행하는 타자가 죽음에 이르는 약물 등을 투

여하는 것을 보통 '안락사'라고 표현한다. 한편 본인의 의사로 연명 치료를 거부하고, 완화 케어를 적절히 받으며 죽음을 맞이하는 것을 '존엄사' 혹은 '소극적 안락사'라고 일반적으로 표현한다. 일본에서는 이 안락사와 존엄사의 정의를 폭넓게 이용한다. 이 정의에 따르면 존엄사는 연명 치료 없이 자연사하는 것을 가리키고, 생명 유지에 필요한 치료를 중지할 수는 있어도 치사약 투여 및 의사의 자살 방조는 그 범주에 포함되지 않는다.

이 책에서도 이 정의에 따라 안락사와 존엄사라는 단어를 사용하는데, 다른 나라의 개념은 일본보다 넓어 의사의 치사약 투여 같은 이른바 적극적 안락사까지 존엄사dignity death에 포함된다는 것을 알아두자. 의사의 자살 방조를 PADPhysician Assisted Death라고 하는데, 네덜란드와 스위스를 비롯한 10개국 이상의 나라에서는 합법화되었다. 안락사를 논의할 때 이 점을 반드시 염두에 두어야 한다.

앞으로도 언급할 텐데, 개인적으로 안락사에 적극 찬성하는 쪽이 아님에도 법제화에 관해 논의해야 한다고 주장하는 이유는, 개념이 정리되지 않아서 같은 단어가 다양한 의미로 쓰이고 있어 위기 의식을 느끼기 때문이다. 또 도야마현 이미즈 시민병원 사건 및 가와사키 협동병원 사건 등이 대표하듯이 의사나 의료인의 이탈 행위가 발생했을 때, 사태가 벌어진 후 법적으로 시비를 판단하는(때로는 법정 다툼이 벌어진다) 것에도 강한 위화감을 느낀다. (이미즈 시민병원 사건은 2000년부터 2005년까지 회복 전망이 없는 의식 불명의 환자 일곱 명의 인공호흡기를 제거해 사망에 이르게 한 사건이다. 일곱 명 중 한 명은 가족을 거쳐 본인의 동의를 얻었다는 기록이 있으나 다른 여섯 명은 동의 기록이 없었다. 가와사키 협동병원 사건은 1998년 의사가 기관지 질식과 심정지를 일으킨 공해병 환자의 기관 내 튜브를 가족의 동의를 얻어 뽑았으나, 환자가 괴롭게 호흡을 시작해서 근이완제를 주사해 사망에 이르게 한 사건이다. ─옮긴이)

사전에 제대로 된 규칙을 마련해놓고 그에 따라 행동할 수 있도록 법률이 의사와 의료인을 이끌 필요가 있다. 나도 그렇지만, 다른 의사들도 기본적으로 환자의 목숨을 단축하는 행위를 원해서 할 리 없다고 믿는다.

의사는 의사로서
살아간다

안락사 법제화 시비에 관해서 의사로서 개인적인 생각을 한 번은 명시해두어야겠다. 나는 지금까지 의사로 살아왔다. 의학부에서 교육받고 임상의가 되어 실제 의료 현장에서 일했으며 임상 현장을 떠난 후에도 언제나 의사의 시점으로 일을 대했다.

나는 사람의 목숨을 적극적으로 단축하는 행위에 아주

큰 저항감을 느낀다. 이 생각은 처음 근무한 병원에서 첫 환자를 받은 34년 전부터 지금까지 변하지 않았다. 나이를 먹으며 임상의로서 일하는 비중은 줄었으나, 그렇다고 젊은 시절에 갖춘 시선은 절대 달라지지 않는다.

그렇다면 내가 왜 안락사에 관해서 언급하는지를 설명하겠다. 의료가 이만큼 발달하여 사람들의 죽음을 둘러싼 환경이 격변하는 지금, 안락사 문제는 도저히 피할 수 없는 중요한 사안이기 때문이다. 의료는 살기를 원하는 사람이 인간다운 삶을 누릴 수 있게 도와야 한다.

반면 만약 육체적 혹은 정신적으로 괴로워서 삶보다 죽음을 선택하고 싶은 사람이 있다면 그 의사도 존중해야 한다. '사람의 목숨을 길게 늘이는 것'은 의료의 특기고 본래의 취지기도 하다. 이 취지에 역행하는 안락사, 마찬가지로 이 취지와 양립하지 않는 존엄사를 법률이 명확하게 허용할지 여부의 문제를 지금 당장 신중하게 논의해야만 한다.

자기 결정권을
존중하기 위해서

　　　　　안락사 문제를 생각할 때의 중요한
점 중 하나는, 안락사로 대표되는 말하자면 '죽음을 다루는
기술'이 절대로 사람의 목숨을 선별하는 데 이용되면 안
된다는 것이다. 무라카미 요이치로의『죽지 못하는 시대
의 철학』(분슌신서, 2020년)에서는, 안락사가 법제화되면 상
황에 따라 생사의 갈림길에 선 사람이 가족의 '왜 안 죽지?

왜 죽게 하면 안 되지?'라는 시선을 받을 수 있다는 문제점을 지적했다. 특히 일본인은 '동조 압력'이라고 불리는, 남들 하는 대로 따르라는 식으로 은근히 강요하는 사고회로나 행동 양식이 강하게 나타난다고 자주 지적받는다.

나도 이 문제를 어떻게 회피할지가 중요하다고 본다. 무슨 일이 있어도 남들 하는 대로 한다는 식으로 목숨 선별이나 사람 선별이 이루어지면 안 되고, 의료계가 그런 일에 가담하면 안 된다. 이처럼 의료의 고도화, 그에 따른 초장수 사회의 성립은 우리에게 갖가지 문제를 던진다.

앞서 언급한 책에서는, 『'자기 결정권'이라는 함정』(고마쓰 요시히코 저, 겐시샤, 2018년)이라는 책을 인용해 커피나 수첩이나 전화는 개인의 소유물(그러므로 물건의 처분을 스스로 결정할 수 있음)인 반면, 죽음은 개인의 소유물이 아니기에 자기 결정'권'이라는 개념에 어울리지 않는다는 고마쓰 요시히코의 논리를 소개했다. 단순히 권리라고 해서 개인에게 귀속되는 것이 아니라는 뜻이다.

분명히 한 사람이 죽음에 이르려면 본인뿐 아니라 가족, PAD(의사의 자살 방조) 상황이라면 의료인, 또 사후 처리를 맡는 형태로 휘말리는 사람이 있다. 죽음이 100퍼센트 개인의 소유물인지 아닌지는 간단히 결론지을 수 없다. 그렇지만 죽음의 제1소유자는 본인이니, 본인의 의사를 최대한 존중해야 하는 것은 분명하다.

새로운 죽음 앞에서
뒤처진 현실

　　일본의 의료가 변화하지 않는다는 점으로 돌아오자. 그 원인으로 사회 제도의 문제가 있다. 알기 쉬운 예시가 의사법의 '노후화'다. 일본 의사법은 1948년에 제정되었다. 인간으로 치면 2018년에 일흔을 맞이한 법률이다. 대대적인 법 개정은 의사의 결격 사유(의사가 되려면 필요한 자격을 갖추지 못한 것)에서 색각 이상 등을 제외한, 2001년 딱 한 번뿐이었다. 즉 우리는 AI가 의료의 각종 프로세스에 참여하는 이 시대에 컴퓨터도 없던 시절에 만들어진 법률에 의지하고 있다.

그렇다 보니 의사법이 현실과 맞지 않아 각종 불합리한 일이 생긴다. 의사법에는 의사의 권한이 매우 강력하게 규정된다. 따라서 팀 의료가 일반적인 지금도 대부분의 의료 행위를 의사가 감독하지 않으면 할 수 없는 상태가 발생한다. 업무량과 비교해 수가 적은 의사가 더욱 바빠지니 환자 한 사람에게 몰두하기 점점 어려워진다.

말기의 환자가 고통을 완화해줄 모르핀(아편에서 생성되는 마약성 진통약)을 투여해달라고 애원해도 의사가 환자에게 오기까지 시간이 걸릴 때가 많다. 환자 자신의 목숨인데 주체적으로 치료를 선택하지 못한다.

인공호흡기 문제도 있다. 인공호흡기를 달지 뺄지는 본래 환자가 정할 일인데 "빼면 내가 살인죄로 기소당할지도 모릅니다"라면서 의사가 빼주지 않는 광경도 현장에서 자주 목격한다. 의사에게 부과된 책임이 큰 탓에 의사는 때때로 괴로워하는 환자가 아니라 자기 보호를 우선시해야 한다. 이처럼 현재 의사법은 의사에게 과도한 부담을 지게 한다.

일본 법률에 '죽음' 자체의 정의가 없는 것, 죽음에 관한 자기 결정권이 법률로 규정되지 않은 것도 문제를 복잡하게 만든다. 아무리 본인이 갈망해도 의사나 가족이 고개를 끄덕이지 않으면 받지 못하는 치료가 있다. 특히 본인이 의사 표시를 할 수 없는 상황이면 더욱 그렇다. 연명 치료를 할지 말지 자기 목숨인데 스스로 정하지 못한다.

일본의 공공의료 제도는 새로운 '죽음의 양상'을 쫓아오지 못한다. 현재 일본 전체의 100세 이상 고령자는 8만 명을 넘었다(2021년 9월 1일, 주민기본대장에 따른 도도부현·지정도시·중핵도시의 보고 수). 앞으로 이 수는 점점 늘어날 것이다.

4장에서 자세하게 다룰 텐데, 일본에서 안락사 논의가 진행되지 않는 것도 새로운 죽음의 양상을 현실이 쫓아가지 못하는 예시다. 외국에는 안락사를 논의해 법제화한 나라도 있는데, 일본은 죽음의 정의가 없기에 안락사 논의를 충분히 할 수 없다. 그 결과, 안락사를 원할 정도로 괴로운 상황에 놓인 환자가 견디기 어려운 고통을 참으며 외국에서 안락사를 하려고 준비해야 하는 모순된 상황을 낳았다.

우리는 이제 슬슬 어떻게 살고 어떻게 죽을지를 진지하게 생각해봐야 한다.

죽음은 이미 언제 찾아올지 모르는 두려움의 대상이 아니라 언제쯤 올지 예측할 수 있는 대상이 되었다. 이 책을 읽은 여러분이라면 이미 이해했겠지만, 현재와 미래의 의료 상황을 이해하고서 죽지 않는 시대의 삶의 양상과 죽음의 양상을 자기 나름대로 정해둘 것, 이것이 곧 마지막까지 수긍할 수 있는 인생을 살아가는 일로 이어진다.

죽음을 부정적인 것, 언제 올지 모르는 두려운 것으로 인식한 시대가 끝나려 한다. 죽음은 누구에게나 찾아온다. 그렇기에 죽음을 거리낌 없이 화제에 올리면 좋겠다. 자신이나 가족이 후회 없는 죽음, 수긍할 수 있는 죽음을 맞이하기 위해서 한번쯤은 진지하게 대화를 나눠보라고 추천하고 싶다.

'죽음을 받아들이는 5단계 이론'을 주장하며 미국의 호스피스 설립에 큰 영향을 미친 퀴블러 로스도 자신의 죽음의 과정을 순순히 받아들이지 못했다. 68세에 일선에서 은퇴해 느긋하게 여생을 즐기며 노후를 보내려던 그때, 뇌졸중이 발병해 반신불수가 되었다. 그는 죽음이 금방 찾아올 것이라고 몇 번이나 각오했다. 그런데 예상과 달리 죽지 않았다. 죽음을 앞둔 환자 곁을 지켰던 그도 돌봄 없이는 생활할 수 없게 된 자기 모습을 받아들이기는 어려웠다고 한다. 이후에도 뇌졸중 발작이 종종 일어나 자유롭게 몸을 움직일 만큼 회복하지 못했다. "나는 아직 불행하게도 살아 있다." 퀴블러 로스의 만년을 다룬 방송 'BS 다큐멘터리 마지막 수업-퀴블러 로스, 이와 같이 죽어라'(NHK, 2006년)에서 그가 이렇게 말하던 모습을 잊지 못한다.

오랜 세월 죽음을 바라본 퀴블러 로스도 자신의 죽음을 직시하는 일은 쉽지 않았다. 그러니 우리가 바로 해답을 찾아내지 못해도 한탄할 필요는 없다. 이 사실을 기억해 두자.

'사생관'을 가진 자는
누구인가

앞서 소개한 『죽지 못하는 시대의 철학』에서 저자 무라카미 요이치로는, 사생관이라는 개념은 개인이 품은 죽음에 관한 막연한 생각의 총체로서 사회가 갖는 것이지 개인이 가진 적은 역사적으로 없었고, 있더라도 근래 들어 생긴 것이라고 설명한다.

나는 이 책을 읽기 전까지 사생관의 소유자를 깊이 생

각해본 적이 없었다. 다만 이 책에서 쭉 설명한 것처럼 의료 기술 발달로 죽음을 제어할 수 있게 된 현대에서 개개인이 사생관을 갖지 않는 것은 말이 안 된다. 인간은 삶을 받은 후로 사계절이 순환하듯 청춘春, 주하夏, 백추秋를 지나 현동冬이라는 다른 이름으로 불리는 만년에 이르기까지 긴긴 시간을 산다. 발달한 의료는 인생 각 시기의 길이를 확실하게 연장했고, 또한 확실하게 찾아오는 시간으로 만들었다. 과거의 인간과 비교해 현대인이 개개인의 사생관을 확립해야 하는 것은 필연적이다.

그러나 단순하게 "사생관을 지니고 살아야지?"라는 소리를 들어도 어리둥절할 뿐이다. 어디에서부터 뭘 어떻게 생각해야 할지 너무 어렵다. 개인 내면에 사생관을 든든하게 지니고 풍요로운 삶의 마지막을 누리기 위해서 사전 지시서나 ACPAdvance Care Planning 논의가 중요하고, 이 책의 존재 의의도 바로 거기에 있다고 믿는다(사전 지시서와 ACP는 이후 자세히 설명하겠다).

나만의 끝, 수긍할 수 있는
마지막 순간

의료의 경이적인 진보로 수명이 늘어나고 큰 병을 앓아도 그 후의 여명이 길어진 현대지만, 의료 관련 제도가 격변하는 사회를 쫓아가지 못하는 것이 현재 상황이다. 그래서 사람들은 삶의 양상과 함께 죽음의 양상을 새로이 만들어야 할 필요성을 깨닫지 못한다. 어쩌면 죽음에 관해서도 대략 2세대 전, 조부모 시절과 똑같은 이미지를 품은 사람이 있을지도 모른다.

그래도 거의 모두가 의학이 진보했다는 사실은 알 것이다. 60살의 조부모와 60살인 부모를 비교하면, 부모 쪽이 훨씬 젊고 건강하다는 걸 눈으로도 알 수 있다.

코로나바이러스감염증에 맞서는 사회의 대처를 보면 알 수 있듯이 사회는 급격하게 바뀌지 않는다. 변화의 속도는 느릿느릿하다. 그래서 삶과 죽음의 양상이 달라지는 과도기에는 각종 제도와 현실 사이에 큰 차이가 생긴다. 불편함을 느끼는 사람이 있어도 제도가 바로 현실에 합당하게 바뀌지 않는다. 현실과 의료 제도의 간극을 어떻게 맞추고 조정할지 논의는 이제부터 시작이고, 결론이 나올 때까지 상당히 오랜 시간이 걸릴 것이다.

바로 그렇기에 우리가 품은 죽음의 양상을 새로이 하고, 언젠가 찾아올 죽음에 대비해 생각을 정리해두어야 한다. 일이 터졌을 때 괴로운 건 다른 누구도 아닌 나 자신이다.

다만 이상적인 죽음을 생각해둬도 제도상 실현하지 못하기도 한다. 현대 의료에 관한 지식, 미래 의료가 나아가는 방향성을 인풋한 상태로 사생관을 업데이트하고, 자기 나름의 이상적으로 죽음을 맞이하는 방법을 정리해두자. 그러면 자신의 마지막을 생각해야 할 때, 의사나 가족의 사정에 휘둘리는 일이 줄어든다.

기본적인 의료 지식과 미래에 대한 예측을 갖추고 장래에 대비해 경제적인 준비까지 해두면, 이제 죽음은 과도하게 두려워할 대상이 아니다.

조부모 세대, 부모 세대보다 우리는 죽음을 맞이하기까지 '보유 시간'이 늘었다. 죽음에 이르기까지 과정도 예측하기 쉬워졌다. 그러니 스스로 인정할 만한 마지막 순간에 가까이 가고 싶다면, 할 수 있는 일은 아주 많다.

여러분의 눈에 죽음은 어떻게 보이는가? 예전과 똑같이 부정적인 대상인가? 아니면 긍정적인 대상인가?

이제 여러분은 어떻게 죽고 싶은가?

대체 나의 '죽을 때'는
언제 올까?

지금은 20XX년. 인간이 100세까지 사는 게 당연하고 120세까지 사는 사람도 드물지 않은 시대다.

다만 오래 사는 사람은 많아도 건강하게 100세, 120세까지 사는 사람은 극소수다. 대부분 노화한 몸을 어르고 달래며 살고 있다. 길고 완만한 언덕을 느릿느릿 내려가는 것처럼 마지막 순간이 다가온다.

나도 올해 110세가 되었다. 젊은 시절에는 짧고 굵게 살다 가고 싶었는데 설마 이렇게 오래 살 줄이야. 나이치고는 건강한 편이지만, 역시 몸 여기저기 조금씩 늙어간다. 지병도 몇 개인가 있다. 사실 이제는 병원에 다니는 일도 귀찮은데, 동거하는 아들 부부가 나를 가만히 두지 않는다. 매일 약을 잘 먹었는지 확인하고 "오래 사셔야죠"라고 말한다.

때때로 '아, 이제 얼마 남지 않았네'라는 생각이 스칠 만큼 몸이 안 좋아지면 마지막을 기대한다. 그러나 결정타를 날리는 지점까지는 가지 않는다. 구급차가 금방 달려와 병원에 데려간다. 1~2주쯤 입원해서 치료받으면 상태가 회복된다. 최근 10년간은 이러기를 반복하며 지낸다.

내게도 언젠가 '죽을 때'가 찾아올까? 그건 대체 언제쯤이지? 이거야 원, 아주 말려 죽이는 것 같다. 출구가 보이지 않는 터널을 걷는 기분이다.

운 좋게 건강을 유지해서 늘어난 노후를 마음껏 즐기는 사람도 있다. 한편으로 내리막길을 천천히 내려가는 노후가 길어지는 것을 견디지 못하는 사람도 있다. "재산이 있고 의식이 확실할 때 자살을 선택할 수 있도록 제도가 정비되어야 한다"라고 주장하는 사람들까지 나타나 방송에서 가끔 토론이 벌어지곤 한다.

솔직히 말해서 자살을 선택할 수 있는 제도가 생기면 나는 꼭 선택하고 싶다. 한 번 아들에게 그런 말을 꺼냈더니, "자살 같은 소리는 하지도 말아요. 뒤에 남은 우리 마음도 생각하셔야죠"라고 화를 냈다. 하지만 그게 거짓 없는 내 진심이다.

하고 싶은 일을 이미 충분히 했다. 미련도 없어서 언제 죽을 때가 와도 상관없다. 타이밍 좋을 때 죽음을 선택하고 싶다는 생각이 그렇게 이상한가?

110세까지 오래오래 살 만큼 몸이 건강하니까 돌연사는 기대할 수 없다. 나이가 나이니 아팠다가 말았다가 하지만 죽음까지는 도달하지 않는다. 나약해진 몸으로 하나부터 열까지 남의 도움을 받으며 살기는 싫다. 보호시설 같은 곳에 가서 마음 맞는 사람과 사귀는 일도 이제 질렸다.

이런 시대에 자살이라는 선택지가 없다니, 도저히 제정신을 유지하지 못하겠다.

- 3장에서는 지금 우리가 겪는 의료계 상황과 현실 사이에 생기기 시작한 괴리를 살펴보았다.
- 나만의 이상적인 죽음의 양상을 생각하더라도 실현하지 못할 수도 있다. 새로운 시대를 제도가 따라가지 못하기 때문이다. 제도는 현실을 곧바로 반영하지 못한다.
- 죽음이 예측 불가능한 존재에서 예측 가능한 존재로 바뀌고 있으므로 죽음을 이야기하는 일을 꺼리지 말고 심사숙고해보자.

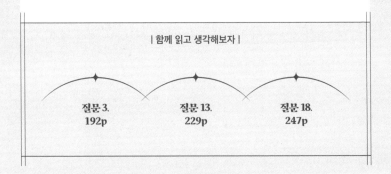

| 함께 읽고 생각해보자 |

질문 3.
192p

질문 13.
229p

질문 18.
247p

4장

인생의 진정한 주인은 누구인가

죽음을 둘러싼 거의 모든 문제들

삶에는 없지만
죽음에는 있는 것

　　　　　이번 장에서는 죽음의 양상을 생각
할 때 알아두면 좋을, 현재 일본 사회가 안고 있는 '죽음을
둘러싼 문제들'을 알아보려 한다.
　개인의 죽을 권리가 없는 것, 법률상 뇌사의 정의는 있
어도 죽음의 정의가 없는 것, 연명 치료 문제, 안락사 문제,
장기 기증 문제……. 아무리 세세하게 살펴 자신만의 죽음

의 양상을 심사숙고해도 현행 법률상 실현될 가능성이 부족하면 의미가 없다.

현재 우리 주변의 죽음을 둘러싼 문제를 알아두면 수긍할 수 있는 마지막을 맞이할 수 있을지, 어떻게 해야 이상적인 형태에 가까워질지 알 수 있다. 현상은 어떠하고 부족한 점은 무엇인가? 앞으로 사회는 죽음을 어떻게 받아들일까? 이러한 사실을 알아두고 자기 나름의 죽음의 모습을 생각해보자. 이를 생각하려면 무엇보다 죽음의 '자기 결정권'을 중요하게 여겨야 한다.

아름다운 문장력을 지닌 존경하는 소설가 시라이시 가즈후미의 『내 안의 망가지지 않은(태일소담출판사, 2009년)』이라는 작품이 있다. 거기에 '타인의 목숨을 낳는 것은 곧 타인의 죽음을 낳는 것과 같다'라는 문장이 나온다. 부모는 자식에게 목숨을 준다. 그러나 동시에 죽음도 주는 것이라는 의미다.

오래전 이 문장을 읽었을 때, 깜짝 놀랐다. 시라이시 작가의 글처럼 우리는 이 세상에 태어난 순간부터 언젠가 떠나는 운명을 타고났다. 부모님은 내게 삶과 함께 죽음을 주었다. 다만 그 끝을 어떤 식으로 맞이하는지는 개개인이 정해야 한다. 왜냐하면 삶과 죽음은 이미 부모의 손에서 떠나 우리 것이 되었으므로.

꼭 안락사나 자살을 선택하는 방법만이 죽음의 자기 결정권을 보여주는 사례는 아니다.

암에 걸린 사람에게는 몇 가지 선택지가 있다. 항암제 치료와 방사선 치료 중 어느 쪽을 선택할 것인가, 둘 다 선택할 것인가? 이런 표준화된 의료가 아니라 민간요법을 선택할 것인가? 치료를 일절 받지 않고 죽기 전까지 시간을 자기가 원하는 대로 살 것인가?

이것은 본인이 정할 일이다. 이때 암에 걸린 사람은 여러 선택지 중 하나를 고름으로써 자신의 삶의 양상을 정한다. 즉, 자기 결정권을 행사한다.

고른 선택지가 이후의 경과와 여명에 영향을 미친다. 수명이 길어질 수도 있고 짧아질 수도 있다. 삶을 어떻게 선택하는가에 따라 죽음도 달라진다. 삶과 죽음은 불가분의 관계고 죽음은 삶의 연장선 위에 있으니 당연하다.

죽음의 자기 결정권이 얼마나 중요한지 통감한 사건이

있다. 2011년 3월 11일 동일본 대지진으로 도쿄전력 후쿠시마 제1원자력 발전소에서 사고가 발생했을 때, 나는 후쿠시마현의 대학에서 근무했었다. 방사선과 의사로서 현지에 난무하는 방사선에 관한 잘못된 정보나 소문을 무시할 수 없어서, 전문가의 긍지를 지니고 방사선에 관한 올바른 정보를 알리는 강연 활동을 시작했다. 그 해만 70번쯤 주민들 앞에서 강연했다.

그때 놀라운 일을 겪었다. 어느 곳에서든 반드시 "저는 여기에 계속 살아도 될까요?"라는 질문을 받았다.

그 사람이 지금 사는 곳에 계속 살아야 할까? 그건 내가 정할 수 있는 일이 아니고 정해서도 안 된다. 내가 할 수 있는 일은 필요한 정보를 제공하는 것뿐이다.

의료도 그러하다. 의사는 환자가 필요로 하는 정보를 제공할 순 있어도, 의사가 멋대로 치료 방법을 정하면 안 된다. 본인의 생사가 걸린 문제이므로 아무리 골치 아프고 괴롭더라도 최종 결정은 본인이 내려야 한다.

그러나 때때로 결정은 어렵다. 특히 의사나 환자 양쪽에 퍼터널리즘이 남은 의료 세계에서는 더욱 그렇다. 전문가

인 의사에게 판단을 맡기고 싶을 때도 있을 것이다. 나는 이렇게 하고 싶다고 생각해도 의사가 그 결심에 난색을 보일지도 모른다. 가족이 내 결정에 반대할 수도 있다. 그래도 왜 그런 결정을 내렸는지, 왜 필요한지, 주변 사람에게 설명해야 한다. 그러지 않으면 나중에 후회할 수 있다. 결국 스스로 수긍할 수 있는 죽음을 맞이하지 못하게 될 테니까.

법은 죽음을
정의하지 않는다

앞서 죽음의 자기 결정권이 무엇인지 설명했는데, 애초에 일본 법률이 '죽음이란 무엇인가'를 명확히 정의하지 않은 것이 문제다.

일본에서는 의사가 '죽음'이라고 판단하면 사망이 확정된다. 법학 세계와 의학 세계 모두 죽음의 정의가 없어서 의사는 '호흡 정지', '심정지', '동공 확대'의 세 가지 징후를 보고 종합적으로 판단한다. 이 진단 기준을 '3징후설'이라고 한다. 죽음의 명확한 정의가 없기 때문에 판단을 의사에게 통째로 떠맡긴 것이다. 의사의 책임이 너무 막대하다.

일본 법률에는 죽음의 정의가 없다. 이 사실을 현행 의사법의 문제점이라고 보고, 여러 저서에서도 그렇게 주장해왔다. 다만 현장에서 일반적으로 널리 쓰이는 3징후는 의료인 사이에서 공통된 인식으로 봐도 무방하다. 따라서 법률에 명확하게 기재되지 않았더라도 죽음의 정의 자체가 문제여서 안락사 논의에 어려움이 생길 정도는 아니라고 본다. 사실 외국 법률을 살펴봐도 의외로 일본과 마찬가지로 죽음의 정의가 제대로 기재되지 않았다. 일본처럼 3징후를 의학적 합의로 삼았기에 정의의 부재가 엄청난 혼란을 일으키지는 않는다.

다만 일본 사회는 어떤 일이든 논의할 때 기반을 서서히 다지면서 나아가지 않으면 도무지 진전이 안 되는 면이 있다. 도중에 뜬금없는 방향으로 논의가 진행되거나 견해가 쉽게 갈리는 문제점 때문에 발이 묶이기도 한다. 안락사 논의 역시 마찬가지다. 죽음의 정의, 그리고 안락사의 정의, 그 근방에 있는 존엄사의 정의나 의사의 권한에 관한 규칙을 우선적으로 확실하게 정해둘 필요가 있다. 그러지 않으면 건전한 논의가 이루어지지 않을 테니까.

한편, 이렇게 법적인 죽음의 정의가 없는데도 장기 이식법에는 '뇌사'의 정의가 있다. 이 점이 상황을 더욱 복잡하게 만든다.

장기 이식법에는 뇌사를 '뇌간을 포함한 전뇌의 기능이 불가역적으로 정지에 이르렀다고 판정된' 상태라고 정의한다. 단, 뇌사 판정을 받지 않으면 뇌사로 인정받지 않는다. 설령 뇌사 상태여도 판정을 받지 않으면 '살아 있는 사람'으로 본다.

뇌사는 장기를 기증할 때만 '사람의 죽음'이 된다. 본인의 생전 의사 표시 혹은 가족의 동의 둘 중 하나가 있으면 장기 기증을 할 수 있다. 뇌사 판정을 받고, 장기 기증을 하겠다는 의사 표시가 있다는 걸 안 순간, '죽은 사람'으로 여겨진다.

일본 특유의 이러한 뇌사의 양상을 소설 설정으로 교묘하게 활용한 것이 히가시노 게이고가 2015년 발표하고

2018년 시노하라 교코 주연의 영화로 만들어진 『인어가 잠든 집(재인, 2019년)』이다.

영화에서, 시노하라 교코가 연기한 주인공 가오루코의 딸이 수영장에서 익사해 뇌사 상태가 된다. 가오루코와 남편은 장기 기증을 하겠다고 결정했으나, 딸의 손이 희미하게 움직이는 것(뇌사 상태인 사람의 손발, 얼굴이 마치 의사를 지닌 것처럼 움직이는 '라자로 징후'이다. 아직 원리는 밝혀지지 않았다)을 목격하자, 뇌사 판정과 장기 기증을 거부한다. 가오루코는 딸을 집으로 데리고 돌아와 돌보기 시작한다. 그러다가 가오루코의 정신에 변조가 찾아오는 것이 줄거리다.

가오루코도 한 번쯤은 딸의 장기 기증을 받아들이고 뇌사 판정을 인정하려고 했다. 이 시점에서 딸은 죽은 사람으로 여겨진다. 그러나 뇌사 판정과 장기 기증을 거부하자마자 딸은 되살아나 살아 있는 사람이 되었다. 이는 뇌사의 정의는 있으나 죽음은 정의하지 않은 일본이기에 성립되는 설정이다. 뇌사가 곧 사람의 죽음인 나라에서는 있을 수 없는 일이다.

그렇다면 여러분이 오늘 불의의 사고로 뇌사 상태에 빠졌다고 생각해보자.

사고 전에 장기 기증 의사를 표현했다면 뇌사 판정을 받게 되고 여러분은 죽은 사람으로 취급되어 장기가 적출된다. 가족이 반대하면 여러분의 제공 의사가 있어도 장기 기증이 이루어지지 않아 살아 있는 사람으로 취급된다.

장기 기증을 거부한다는 의사를 밝혀두었다면, 뇌사 판정조차 이루어지지 않을지도 모른다. 그러면 여러분은 뇌사 상태지만 살아 있는 사람으로 다뤄져 자발적 호흡이 자연히 끊길 때까지 병원에서 죽음을 기다리게 된다. 여러분이 갑자기 사라지는 것을 받아들이지 못하는 가족은 설령 의식이 없어도 인공호흡기 같은 생명 유지 장치를 달아 최대한 여러분의 목숨을 연장하려 할 것이다.

여러분은 뇌사 상태에 빠졌을 때, 뇌사 판정을 받지 않고 죽음을 맞이하고 싶은가? 아니면 뇌사 판정을 받아 장기를 기증하기를 원하는가?

다만, 장기 이식은 인공 장기가 실현될 때까지 과도기에 놓인 기술이다. 개인적으로는 인공 장기가 완성되면 사라질 기술이라고 본다. 지금은 아직 인공 장기가 천연 장기를 완벽하게 대체할 수준에 도달하지 못했기에 장기 이식법을 제정해 이식이 필요한 환자를 지원하는 단계다.

장기 기증과 인공 장기 사이의 과도기를 사는 우리는 언제 이 법률의 신세를 질지 모른다. 내가 기증받는 환자가 되지 않더라도, 자신이나 가족이 뇌사 상태가 되면 장기 이식법과 엮일 수밖에 없다.

인공호흡기를
떼는 순간이 오면

　　　　　　수긍할 수 있는 죽음을 맞이하기 위
해서 '연명 치료'를 어떻게 할지에 대해서도 한번쯤 생각
해둘 필요가 있다.

　연명 치료란, 환자가 회복할 전망이 없어 임종이 얼마 안
남았다고 판단했을 때, 임종을 늦추는 목적으로 하는 치료
를 말한다. 대표적으로 인공호흡기와 위루술(경피내시경하

위루술, 질환으로 음식을 섭취할 수 없는 환자에게 내시경을 사용해 위에 관을 삽입해 영양을 보급하는 방법−옮긴이)이 있다.

나이와 증상에 따라 다르지만, 인공호흡기를 달고 위루술을 해 영양을 공급하면 10~20년쯤 수명을 늘릴 수 있다. 인공호흡기 튜브를 다는 약 15분 정도의 처치로 50세에 끝났을 수명이 70세까지 늘어날 수 있다.

다만 이때 환자 본인의 의사가 반드시 존중되지는 않는다는 점이 현대 연명 의료의 큰 문제다.

소중한 사람을 잃기 싫은 가족은 설령 더 이상 대화를 나누지 못해도 인공호흡기를 달고 하루라도 오래 살아주기를 바랄 수 있다. 어제까지 아무 문제 없이 건강했는데 갑자기 상태가 급변했을 때는 특히 그런 감정이 생긴다.

반면에 더없이 소중한 사람이니까 말도 못하고 제대로 영양을 섭취하지도 못하는 상태로 살려두는 것은 가엾어서 슬프지만 의료기기를 쓰지 않고 자연스럽게 죽음을 맞게 해주고 싶다고 생각하는 가족도 있을 것이다.

양쪽 다 환자를 생각하는 마음이므로 여기에 옳고 그름은 없다.

그런데 환자 본인의 생각은 어떨까? 인공호흡기를 달아야 할 상황이라면 환자가 의사 표시를 하지 못할 정도로 위독할 가능성이 크다. 이때 과연 누구의 의사를 존중해야 할까? 부모? 자식? 이렇게 '죽음의 주인'이 본인이 아닌 때가 찾아온다.

본인의 의사와 가족의 의사, 어느 쪽을 존중해야 하는지의 문제는 잠시 접어두고, 일단 인공호흡기를 달았다고 예를 들어보자. 장기간 인공호흡기를 쓰면 자발적 호흡 기능이 약해진다. 인공호흡기를 떼면 죽을 가능성도 있다. 그래서 세간에는 '연명 치료를 시작하면 그만두지 못한다'라는 '신화'가 있다. 어쩌면 여러분 중에도 의사에게 "일단 인공호흡기를 장착하면 뗄 수 없어요. 그걸 떼면 제가 살인죄가 되니까요. 호흡기를 달지 말지 가족끼리 잘 상의해 보세요"라는 말을 들은 사람이 있을 수도 있겠다.

그러나 한 번 단 인공호흡기를 떼면 안 된다는 법률은 없다. 치료의 선택, 유지, 중지는 환자가 스스로 결정해야 할 사안이다. 본래 환자가 원하면 인공호흡기를 떼도 문제는 없다. 그래도 인공호흡기를 떼면 죽음으로 이어질 확률이 높기에 환자가 의사를 표시해도 의사는 떼지 못하고 망설인다. 운이 나쁘면 유족이 소송을 걸거나 경찰에 체포될 위험성이 있는 상황에서 위험 부담을 짊어질 의사는 드물다.

어떤 치료를 받을지, 또 치료를 받지 않을지의 주체는 환자 본인이어야 한다. 환자에게 의식이 없으면 가족의 의사를 존중해 치료를 결단, 변경, 중지해야 한다.

다만 지금 의료계의 현실은 환자의 의사를 명확하게 실현해낼 수 있는 구조가 아니다. 각각의 현장에서 개개인의 사정을 고려하여 고민하고, 환자 본인이나 가족과 대화하면서 의사가 인공호흡기 장착, 지속, 중지를 결정하는 것이 현실이다.

의사의 책임은
어디까지인가

인공호흡기 예시에서 보았듯, 지금 일본의 의료 현장에서 의사는 너무나 많은 부담을 지고 있다. 의사가 위험 부담을 짊어지고 타인의 생사에 관여하는 판단을 최종적으로 해야 하는 상황이다.

앞서 일본 법률에 죽음의 정의가 없기에 사람의 죽음을 의사가 정한다고 설명했다. 죽음을 진단하는 일까지도 의사에게 무거운 짐으로 부과한다.

환자 본인의 의사나 가족의 의사는 물어보지만 최종적으로 의사가 판단하는 방식은 이미 시대에 한참 뒤처졌다. 환자의 의사 표시를 남기는 장치를 마련해 본인이 분명히 삶을 마무리하기를 희망했다는 기록을 남겨두면 인공호흡기를 떼도 의사에게 죄를 묻지 않는, 아니 묻고 말고를 떠나 애초에 문제시하지 않는 환경을 마련할 때가 왔다.

그러려면 현대 사회에서 의료가 어떤 모습이어야 할지를 논의해야 한다.

의료의 목적은 환자의 심신이 어떻든 목숨을 연장하는 것일까? 아니면 완치나 회복할 전망이 있고 말고에 얽매이지 않고 사람다운 삶, 나아가 의미 있는 죽음을 실현하게 하는 것일까?

여러분은 자기 자신의 연명 치료에 관해 어떻게 생각하는가? 본인의 문제는 비교적 금방 결론을 내렸더라도 부모나 자식의 연명 치료라면 어떨까? 곧바로 결론을 내리지 못하는 사람도 있을 것이다.

이런 상황을 인식하고서 의사 역시 사생관을 연구해야 한다. 의학부 커리큘럼에서 사생관을 가볍게 다루긴 하는데, 그걸로는 당연히 불충분하다.

환자의 생명에 직접 관계하는 인간으로서 의사는 담당 환자가 회복 전망이 없을 때, 임종이 머지않았을 때 어떻게 해야 할까? 가족이 의견을 구할 때 뭐라고 대답해야 할까? 최종적으로 결정하는 사람은 환자나 가족이더라도 의사 개개인이 자신만의 사생관을 마음속에 지니는 것이 중요하다.

의사 개인이 품은 견해 차이로 환자에게 불이익이 발생할 가능성이 있다면, 앞으로 '인간 의사'에게는 연명 치료 중지를 맡기지 말자는 논의도 성립할 것이다. 현행 법률상 불가능하겠지만 인간 의사가 인공호흡기를 떼면 죄가 될 가능성이 있다면 환자의 의사 표시에 따라 'AI 의사'가 떼는 선택지를 준비하면 된다.

AI 의사의 연명 치료 중지는 그리 간단히 실현되지는 않을 것이다. 그러나 자동차 운전도 AI가 하는 시대로 돌입하고 있다. AI 자동 운전으로 사고도 이미 일어나고 있다.

그럴 때 책임 소재를 어떻게 할지 느긋하게 논의를 기다리고 있을 상황이 아니다. 앞으로 의료계에서도 비슷한 상황이 생기는 것은 시간문제다.

앞 장에서 언급했듯이 죽음에 관한 법률과 의료 현장의 모순은 시간이 갈수록 커져간다. 이미 영상 진단 분야에서 AI가 활약하기 시작했다. 2030년경에는 AI의 성능이 현장에 본격적으로 도입해도 되는 수준에 도달한다. 지금은 인간이 주이고 AI가 종인 관계지만, 머지않아 주종 관계가 역전될 것이다.

오랫동안 숱한 비판을 받아왔는데도 1948년에 제정된 이래 의사법의 기본적인 부분이 바뀌지 않은 이유는 17만 명 이상의 의사가 회원인 일본의사회가 이 법을 굳게 지지한 이유도 있다. 그러나 현장에서 환자가 불편함을 겪는 일이 빈번하게 생기는 점을 고려하면 의사법 개정의 시기가 무르익었다고 볼 수 있다.

이제 컴퓨터도 없었던 시대의 의사법을 대폭 개정해서, 인간 의사의 판단 범위나 책임 소재를 명확히 하고, AI 의사법도 제정해 AI가 관여하는 의료 행위를 규정해야 한다.

개인의 자기 결정을 통해 수긍할 수 있는 죽음을 맞이하게 되는 미래가 좀 더 가까워지기 위해서.

치료의 여정을
스스로 선택하라

　　의료 현장의 퍼터널리즘이 점차 사라지면서 치료의 선택, 유지, 중지에 환자의 자기 결정권이 존중받게 되었다. 이럴 때 중요한 것이 '의사 표시'다.

　지금은 환자의 의사 표시를 확인할 수 없으면 거의 자동으로 연명 치료를 희망한다고 여긴다. 여러분이 본인의 연명 치료를 절대 원하지 않는다면, 미리 의사 표시 방법을 고안하고 준비해두어야 한다.

뇌사 상태에 빠져 장기 기증을 할지 말지 결정해야 할 때도 의사 표시는 꼭 필요하다. 장기 기증은 본인의 명확한 의사 표시를 확인하지 않는 한 무턱대고 진행하지 않는다. 다만 본인이 장기 기증을 하겠다고 의사 표시를 했는데도 불구하고 유족이 거부해서 진행되지 않는 경우가 있다.

의식이 있고 명확한 의사 표시를 할 수 있을 때라면 필요한 시기에 기록을 남겨두면 된다. 그런데 불의의 사고로 의식이 없을 때는 어쩌면 좋을까? 의식은 있어도 말이나 몸짓으로 의사를 표시하기 어려운 경우, 판단 능력을 상실했을 경우는? 이럴 때는 사전의 의사 표시 유무가 중요한 의미를 지닌다.

이 의사 표시 방법으로 '사전 지시서'가 있다. 사전 지시서란, 치료에 관한 본인의 의사를 기록해서 의사에게 전달하는 서류다. 의료 기관이나 관공서들 중 독자적인 서식을 준비해둔 곳이 있다.

후생노동성은 인생 최종 단계에서 받는 의료나 케어를

본인이 가족이나 의료 케어팀과 논의하며 진행하는 'ACP (후생노동성은 국민이 친근하게 느끼도록 '인생 회의'라는 별칭을 쓴다)'를 추진 중이다. 후생노동성이 만든 ACP 선전 포스터가 '병에 걸린 당사자에 대한 배려가 부족하다', '신중하지 못하다'라며 비난받은 탓에 보급되기 전부터 스텝이 꼬인 느낌이 있는데, ACP 자체는 의료 현장과 법 제도 사이의 차이가 벌어진 현재, 필히 진행해야 할 장치다.

다만 사전 지시서도 ACP 시트(자신의 의사를 정리해둔 것, 병원이나 관공서에서 배포한다)도 법적 구속력은 없다. 이런 서류를 의사가 받았다 해도 적혀 있는 대로 해야 하는 의무는 없다. 본인의 의사 확인이 어려워서 의사가 가족에게 서류를 보여주며 상담할 때, 가족이 내용을 보고 기절초풍할 가능성도 있다. 다른 한편으로 가족이 치료 방향 때문에 고민할 때, 지시서나 시트가 판단을 도와줄 가능성도 있다.

지금 시점에는 법적 구속력이 없으나 자신다운 죽음의 양상을 바라는 사람이라면 만들어둬도 괜찮지 않을까?

세상에 존재하는 모든 ACP 시트나 사전 지시서를 확인하지는 않았는데, 내가 본 범위 내에서는 여러분에게 추천할 만한 수준의 서류를 찾지 못했다. '마취약을 쓸 것인가 말 것인가'처럼 항목이 너무 상세하거나, 선택지가 있어도 내용이 너무 전문적이다. 의료 전문 지식이 있는 사람이라면 몰라도 그렇지 않은 사람은 대답하기 어렵게 불친절한 질문이 많았다.

ACP 시트에 관한 논의가 진전되기를 기대하면서, 일단 이 책에서는 사전 지시서나 ACP 시트 대신 아래 항목을 생각해보자고 제안하고 싶다.

첫째. 연명 치료를 희망하는가, 희망하지 않는가?

둘째. 희망하는 치료와 희망하지 않는 치료는?

셋째. 스스로 판단이 어려울 때 결정권을 넘길 사람의 이름과 관계는?

이 세 가지는 한번쯤 진지하게 고려해볼 항목이다. 이를 심사숙고하고, 신뢰할 수 있는 사람과 결론을 공유해서 첫 걸음을 떼보자.

돌연사가 격감한 현대라 해도 궁극적인 죽음은 언제 어떻게 찾아올지 모른다. 특히 고령자로 불리는 65세에 접어든 사람은 연명 치료 의사 표시를 어떤 형태로 해둘지, 어느 정도 간격으로 의사 표시 내용을 재검토하고 변경할지, 의식이 없을 때도 의사 표시가 제대로 반영되려면 어떻게 해야 할지 한번쯤 생각해두자.

장기 기증에 관해서는 운전면허증, 건강보험증, 마이넘버 카드(개인 번호와 사진, 개인 QR코드 등을 담아 신분증 및 자치 단체 서비스, 전자 신청 등을 할 수 있는 일본의 신분 증명 카드―옮긴이)에 표시하거나 장기 기증 의사 표시 카드, 장기 이식 네트워크 웹사이트에 등록하는 방법 등이 있다.

이러한 방법으로 의사 표시를 하기 싫은 사람은 스스로 탐구해야 한다. 예를 들어 평소 가족과 연명 치료나 장기 기증에 관해 대화를 나누거나, 일기나 수첩에 의견과 날짜와 함께 서명을 남겨두고 가족에게 그 존재를 알려도 좋다. 의사 표시를 좀 더 확실하게 하고 싶다면 장기 기증이나 연명 치료에 관한 '공정증서'를 작성해 공증을 받는 것도 하나의 방법이다.

다만, 미리 의사 표시를 해두었다고 만사 해결은 아니다. 여전히 문제가 많이 남아 있다. 다음의 네 가지 문제점을 살펴보겠다.

첫 번째 문제는, 인간의 마음이 변한다는 것이다. 의사 표시를 했을 때와 병에 걸린 시점의 의사가 일관적이라면 전혀 문제없다. 그러나 병에 걸리면 건강했을 때와 정반대의 말을 할 가능성도 있다. 건강했을 때는 "연명 치료는 받지 않겠어"라고 주장했는데, 병에 걸려서 죽음이 가깝게 느껴지면 '괴로운 치료를 받으면서라도 오래 살고 싶어'라고 생각하는 사람도 많다. 이는 자연스러운 일이다.

그러니 설령 매일 같이 의사 표시를 기록해두었어도 엄밀히 말하면 그 글을 적은 순간부터 '과거의 의사'가 된다. 과거의 의사를 주변에서 최신 의사 표시라고 여긴 결과, 지금의 의사와는 전혀 다르게 대처할지도 모른다.

환자 본인이 목숨을 연장하면 가족이 겪을 부담을 민감하게 감지하고 사실은 연명 치료를 받아 살고 싶은데도 거부하는 상황도 생길 수 있다.

병에 걸리기 전의 의사 표시를 어떻게 다룰 것인가? 병으로 심신이 약해진 상태의 의사 결정이 절대적인 본심인가? 이 문제는 아직 논의의 여지가 남아 있다.

두 번째 문제는, 환자 본인이 병 때문에 의사 표시를 할 수 없을 때 부모나 자식, 혹은 의사 등 본인 이외의 사람이 '죽음의 주인'이 되는 경우다. 즉, 본인 이외의 사람이 연명 치료를 받을지 말지를 결정하게 된다. 혹은 건강할 때 의사 표시를 해두었는데도 가족의 의향을 중요하게 여겨 이와는 정반대로 대처하는 상황도 있다.

이 문제에 따라오는 세 번째 문제는, 일본에서는 사전 지시서나 ACP 시트에 법적 구속력이 없다는 점이다. 현재 법률이나 제도로는 사전 의사 표시가 존중받지 못하는 상황이 발생할 수 있다. 여러분이라면 그런 상황을 허용할 수 있는가?

네 번째 문제는, 90세 이상 초고령자의 의사 표시를 어떻게 받아들이는가이다. 나이가 많아도 총명하고 정정한 사람이 있는가 하면, 귀가 잘 안 들려서 사람들과의 대화에 어려움을 겪는 사람도 있다. 그런 사람에게 의료 정보를 제공해도 스스로 생각해서 수긍할 수 있는 결론을 내려 주변에 정확하게 전달할 수 있을까? 치매 환자의 의사 표시도 이와 같은 문제가 있다.

그렇다고 본인의 생사에 관한 일을 주변에서 어디까지 결정해도 되는지도 고민거리다. 장래에는 테크놀로지를 활용해 초고령자나 치매 환자의 의사 확인이 쉬워질 가능성은 있으나, 지금 시점에서는 초고령자나 치매 환자의 의사 확인은 많은 어려움을 내포한다.

환자의 의사 표시를 확인하지 못할 때, 치료할 것인가 치료하지 않을 것인가의 원칙을 제도로 정해두어야 하지 않을까? 앞서 설명했듯이 장기 기증은 의사 표시가 없거나 명확하지 않을 때 '제공하지 않는다'로 보는 법률이 있다.

많은 사람이 장수하게 되면서 생의 말기에 위루술을 할지 말지, 인공호흡기를 달지 말지, 또 뗄지 말지 고민하는 이들이 늘었다. 위루술이나 인공호흡기 같은 연명 치료도 장기 기증처럼 사회적인 논의를 거쳐, 의사 표시가 없을 때는 제도적으로 어떻게 인식할지를 정할 시기가 왔다.

가령 의사 표시가 존재하지 않을 때는 '연명 치료를 한다'라고 인식하면, 연명 치료를 받기 싫은 사람은 의사 표시를 고민하는 움직임을 보이지 않을까? 고민한 결과 '연명 치료를 받고 싶지 않다'라고 의사 표시를 남기는 사람

이 늘어나면, 연명 치료에 관한 공적인 의사 표시의 양상
이나 사전 지시서에 법적 구속력을 부여할지에 대한 논의
도 조금씩 진전될 것이다.

죽지 않는 시대의
적극적 죽음

　　　　　이미 인류는 죽지 않는 시대에 돌입
했다. 의학이 진보한 결과, 사람의 죽음은 이제 '예정대로
천천히 진행되는 상태'라는 성질이 강해졌다. 그에 발맞춰
우리도 죽음의 개념을 바꾸고 수긍할 수 있는 행복한 한
단락을 맞이하기 위해 논의하고 준비해야 한다. 이 책은
반복해서 그 필요성을 강조하고 있다.

앞으로의 죽음은 강제로 주어지는 존재가 아니라 우리가 주체적으로 선택하는 대상이 될 가능성도 있지 않을까?

사람이 갑작스럽게 사망하는 일이 극단적으로 줄어들어 긴긴 인생을 살며 이루고 싶은 일을 전부 해낸 후 '아, 슬슬 인생을 끝내고 싶다'라고 생각해 적극적으로 죽음을 바라는 사람, 기운이 남아 있을 때 원하는 형태의 마지막을 선택하고 싶은 사람이 늘어나지 않을까. 사람에 따라 좀 더 좋은 '삶'을 끝까지 유지하기 위해 치료를 받지 않는 선택지도 있을 것이다.

의료 기술이 진보하고 응급 의료 체계가 잘 갖춰지자, 몸이 약한 사람도 과거와 비교해 극단적으로 생명이 연장되었다. 그들 중에는 몸이 아무리 약해도 최대한 의료 수단을 활용해 하루라도 오래 살고 싶은 사람도 있을 테고, 이미 충분히 살았고 너무 괴로우니까 하루라도 빨리 영면에 들고 싶다고 바라는 사람도 있을 것이다.

진보한 의료 기술은 살고 싶은 사람, 그렇지 않은 사람을 동등하게 구해낸다. 그런 상황에서 응급 이송이나 치료에 기대지 않고 죽음을 맞고 싶다고 생각하는 사람이 있어도 전혀 이상하지 않다.

현재로서는 자신의 삶을 '폐점'하고 싶어도 연명 치료 거부, 단식, 최종적으로 자살하는 것 이외에는 방법이 없다. 하지만 세상에 괴롭게 죽고 싶은 사람이 있을까. 마지막은 최대한 고통 없이 죽고 싶은 사람이 많을 것이다. '핀핀코로리'가 최고라고 말하는 사람이 많은 것이 증거다. 적극적인 죽음을 원하는 사람도 비참한 자살보다는 차분하게 정돈된 환경에서 고통 없이 자살할 수 있기를 바라지 않을까.

안락사를 논의할 때, 확인해야 할 사항들이 있다. 우선 종교상의 이유로 자살을 인정하지 않는 경우가 있다. 종교를 삶의 중심에 놓고 산 사람이라면 이는 절대 흔들리지 않는 신념이다. 나는 종교에 강하게 의지하며 살지 않지만, 자살을 생각하는 일은 삶에 대한 모독이라는 교육을 받아서 지금도 그런 감각이 몸에 뱄다. 누구나 다 자살이나 안락사를 선택할 수는 없다는 뜻이다. 이런 사정을 염두에 두면서도 하고 싶은 말은, '자살을 선택하고 싶은 사람이라면 이를 용인해주는 방향을 논의해도 괜찮지 않을까?'라는 관점도 있다는 것이다.

인간이란 언제 어느 때나 합리적으로 행동하는 존재가
아니다. 오히려 그때그때 상황이나 변덕에 좌우될 때가 많
고, 어떤 순간이든 자신의 감성을 믿고 원하는 대로 사는
것은 지극히 자연스러운 일이다. 죽는 방식은 비교적 장기
적인 시점으로 논의해야 하므로 몸과 마음의 상태가 괜찮
을 때나 반대로 힘들 때 등 여러 조건하에서 시간을 투자
해 생각해두는 것이 좋다.

장래 적극적인 선택으로서의 죽음이 용인될까? 나도 아
직 해답을 찾지 못했다. 여러분은 과연 이 적극적인 죽음
을 어떻게 생각하는가?

안락사를
법제화한 나라들

적극적인 죽음을 생각하려면 반드시
고려해야 하는 것이 안락사다.

이미 안락사를 법제화한 나라와 지역들이 있다. 스위스,
네덜란드, 벨기에, 룩셈부르크, 캐나다, 호주 빅토리아주,
한국(회생 가능성이 없고 사망에 임박한 상태에서만 연명 치료를
진행하지 않는 소극적 안락사가 가능하다. 이를 연명의료결정법

이라 한다. -옮긴이), 미국 일부 주와 컬럼비아 특별구가 그렇다. 뉴질랜드는 국민 투표 결과로 2021년 11월에 안락사법이 시행되었다. 이외에도 안락사 논의가 진행 중인 나라가 여럿 있다.

엄밀히 따지면, 스위스와 미국에서 행하는 안락사는 의사가 환자에게 치사약을 처방해 환자 스스로 죽음에 이르게 하는 자살 방조에 가깝다. 다른 나라나 지역에서는 의사가 환자에게 치사약을 투여해 안락사하는 방법을 선택한다.

호주 빅토리아주에서 안락사가 법제화되면서 필립 니스케 박사가 캡슐형 안락사 장치 '사르코Sarco'를 개발해 화제가 되었다[자료 4]. 버튼을 누르면 캡슐 내에 액체 질소가 차올라 순식간에 인간이 살 수 없는 낮은 산소 농도 환경을 만들어 안에 있는 이를 사망하게 한다. 디자인이 세련되어서 자살을 미화한다는 비판이 많다.

용어의 차이는 있겠지만, 전 세계를 살펴보면 여러 나라나 지역에서 적극적인 죽음을 말기 환자의 자기 결정권으로 인정하는 것이 사실이다.

　　반면 일본에서는 안락사가 법제화되지 않았다. 현재 아무리 환자가 원하더라도 의사가 환자에게 치사약을 투여하거나 자살을 돕는 행위는 위법이어서 허용되지 않는다.

　　현재 본인 혹은 본인의 의사를 대행하는 타인이 죽음에 이르는 약물 등을 투여하는 것을 '안락사'라고 표현하는 경우가 많다. 한편 본인의 의사로 연명 치료를 거부하고 충분한 케어를 받으며 맞는 죽음을 '존엄사' 혹은 '소극적 안락사'라고 표현하는 것이 일반적이다. 안락사와 존엄사,

두 용어 다 일본과 외국에서 의미가 다르다는 의견도 있어서 논의할 때 주의할 필요가 있다.

한 가지 명확하게 해두고 싶은 점이 있다. 일본의 국민 의료비가 매년 증가하고, 공공 의료보험 재정이 위태로운 상황과 안락사 문제는 엄연히 구분해서 검토해야 할 대상이라는 것이다. 사람의 생사에 관한 논의를 돈 문제와 직접 연관시키는 일은 분명히 잘못되었고, 나는 그런 논의에 강한 위화감을 느낀다.

따라서 정부가 사람의 생사에 관련된 의료 문제와 재정 문제를 명확하게 구분하고, 서둘러 논점을 정리해 논의를 진행할 환경을 갖추기를 바란다.

안락사는 '빵 한 조각'일까
'죽음의 여행'일까

과거에 안락사란 병이 낫지 않는다고 확정된 사람이 침대에 누워 수많은 관에 연결된 채로 삶을 거부하고 목숨을 끝마치는 선택을 하는 것을 가리켰다.

그러나 많은 사람이 장수하게 되고, 긍정적으로 생을 마무리하고 싶은데도 좀처럼 임종이 찾아오지 않는 상황이 일상이 되면 안락사의 정의도 조금씩 달라진다.

내 생각에 미래의 안락사는 '빵 한 조각' 같은 존재가 될 것 같다. 이는 중학생 때 국어 교과서에서 본 루마니아 작가 프란시스크 먼티누Francisc Munteanu의 소설 제목으로, 이야기의 열쇠가 되는 단어다.

줄거리는 이렇다. 제2차 세계대전 중, 루마니아 사람인 주인공 '나'는 헝가리의 수도 부다페스트에서 독일 병사에게 체포된다. 고문과 모욕을 받고 아무것도 먹지 못한 채 어디로 가는지도 모르고 화물차에 실리는데, 그 안에서 만난 유대인 노인 랍비가 '나'에게 손수건에 감싼 물건을 준다.

"여기에는 빵이 한 조각 들어있소이다. (중략) 그 빵을 바로 먹지 말고 최대한 오래 보존하시구려. 빵을 한 조각 가지고 있다고 생각하면 인내심이 훨씬 강해지거든. 앞으로 언제 먹을 것을 얻을지 모르지 않소. 꼭 손수건에 감싼 채로 가지고 있으시게나. 그래야 먹으려는 유혹을 느끼지 않을 테니까. 나도 지금까지 이렇게 갖고 있었다오."(『미쓰무라라이브러리 중학교편 제 1권 붉은 열매 등』, 미쓰무라도서출판, 2005년)

랍비의 말을 들은 '나'는 화물차에서 탈출한다. 꾸러미를 열어 빵을 먹고 싶은 유혹을 수없이 느끼면서도 꾹 참고, 간신히 목숨을 부지해 집에 도착한다. "이게 나를 구했어……." 그렇게 말하면서 '나'가 아내에게 손수건 꾸러미를 풀어서 보여주는데, 안에 든 것은 빵이 아니라 나뭇조각 하나였다는 이야기다.

주인공은 도망치는 동안 몇 번이나 견딜 수 없는 공복을 느꼈다. 그러나 여차하면 언제든 빵을 먹을 수 있다고 생각하며 마음을 다잡았다. 이렇게 빵 한 조각에 의지해 정신을 바짝 차리고 무사히 돌아올 수 있었다.

현재 일본에서는 병 때문에 견디지 못할 정도로 심신의 고통을 느껴 안락사를 바라도 소원을 이루지 못한다. 대량의 서류와 수백만 엔이라는 절대 저렴하지 않은 돈을 준비해 약해진 몸을 걱정하며 스위스로 날아가는 방법뿐이다. 스위스에서는 외국인에 대한 자살 방조도 인정한다. 안락사가 불법인 나라에서 스위스를 방문해 안락사를 진행하는 경우를 '죽음의 여행'이라고 표현하기도 한다.

내가 안락사에 찬성하는지 반대하는지를 표명할 마음은 없지만, 안락사가 제도로서는 존재해야 한다고 생각한다.

만약 안락사가 법제화되면, 안락사를 바라는 사람에게는 중요한 선택지가 된다. 어쩌면 '여차하면 안락사 제도가 있으니까'라는 안도감이 살아가는 구명줄이 되어 '조금 더 살아볼까?', '안락사를 할 때까지 뭘 할까?' 하고 생각할 여유가 생기거나 마음을 안정시켜줄 수도 있다.

최종적으로 안락사를 실행하더라도 쇠약해진 몸에 엄청난 부담을 주며 외국까지 나갈 필요가 없으니 고통스럽지 않은 환경에서 차분하게 목숨을 마무리할 수 있다. 삶과 죽음의 자기 결정권을 행사할 수 있다.

다만 안락사에는 '죽음의 폭력'이라는 문제가 따라온다. 임종이 가까운 사람이나 고령자, 치매 환자가 본인의 의사와는 반대로 주변의 압력 때문에 강제로 안락사를 당할 위험성이 없다고 하긴 어렵다. 의사로서 살아온 나는 그런 사태를 무슨 일이 있어도 막아야 한다고 생각한다. 안락사를 법제화한 외국 여러 나라들도 안락사가 합법이 되면서 장애 등이 있는 약자가 가족이나 사회의 부담으로 치부되어 본인의 의사에 반해 안락사당할 가능성이 늘어나는 문제를 염려한다(마쓰다 준의 『안락사 · 존엄사의 현재』를 참조).

2002년 세계 최초로 안락사를 법제화한 네덜란드는 법률에 기초한 엄격한 점검 체제를 마련했고, 매년 지역 안락사 심사 위원회가 전년도 보고서를 보건부 장관에게 제출할 의무가 있다. 안락사 요건을 충족하지 못했다고 판정된 안건의 요지, 또는 요건을 충족했다고 판정되었으나 후에 논의가 된 복잡한 안건의 요지를 공표해 의사나 국민의 공공 논의에 활용한다(마쓰다 준, 동 서적에서).

안락사에 관한 논의는 간단하지 않다. 지금 일본에서는 안락사를 논의하는 일 자체를 터부로 여긴다. 한편, 외국에서는 삶과 죽음에 관한 자기 결정권을 보장하려는 움직임이 있다.

여러분은 안락사를 어떻게 생각하는가? 찬성하는가, 반대하는가? 어떤 상황이라면 안락사를 허용해도 좋다고 생각하는가? 법제화한다면, 당신이 안락사를 선택하는 상황을 상상할 수 있는가? 부모나 자식, 소중한 친구가 안락사를 원한다고 말한다면? 당신이 믿는 종교나 가치관은 어떤 의미에서는 자살인 안락사를 허용하는가?

중요한 사안이므로 다시 말하는데, 나는 안락사를 추진

하려는 의도는 전혀 없다. 또 앞서 언급한 죽음의 폭력 문제는 신중하게 대처해야 한다. 자신의 의사에 반해 미약하게라도 죽음을 강요받거나 자살이라는 선택지를 고려하라고 억압받는 일은 누구에게도 절대 있어선 안 되므로, 제도를 만드는 사람들은 이 중요한 지점에 관한 윤리관을 갖추기를 바란다.

장기 기증,
사체는 누구의 것일까

스스로가 수긍할 수 있는 삶의 마지막을 생각할 때, 장기 이식과 장기 기증에 관해서도 알아두어야 한다. '그게 지금 나랑 무슨 상관이람?'이라고 여길 수 있는데, 여러분이 당장 내일 불의의 사고를 당해 뇌사 상태에 빠지면 뇌사 판정을 거쳐 장기를 꺼내 이식을 기다리는 사람에게 제공할 수도 있다. 우리의 생사와 관련된 문제다. 의사 표시를 한 적 없고 생각한 적도 없는 사람은 이번 기회에 한번 생각해보자. 현행 제도에 동의하지 않는다면, 본인도 가족도 후회하지 않도록 준비해두는 것이 중요하다.

일본의 장기 이식과 장기 기증의 역사를 간략히 살펴보자.

1980년, 심장이 정지한 사람의 각막과 신장을 타인에게 제공하는 '각막과 신장 이식에 관한 법률'이 시행되었다. 그 후, 외국에서 신장 이외의 장기 부전 환자가 장기 이식으로 목숨을 구한 상황에 자극받아 일본에서도 뇌사 후 장기 기증 필요성이 논의되기 시작했다.

1997년, 마침내 뇌사 후 장기 기증을 가능케 하는 '장기 이식법'이 시행되었다. 그러나 본인의 서면 의사 표시와 가족의 승낙이 조건이어서 뇌사 후의 장기 기증은 연 0건에서 몇 건, 많은 해에도 열 몇 건의 숫자에 그쳤다. 그래서 장기 이식법 시행 후에도 외국에 건너가 장기 이식을 받는 사람이 끊이지 않았다.

그런 실태를 감안해 2010년 시행한 '개정 장기 이식법'

에서는, 본인의 의사가 불명이라도 가족의 동의가 있으면 뇌사 판정과 장기 기증을 할 수 있게 되었다. 또 15세 미만 아이도 장기 기증이 가능하게 되었다. 개정법 시행 후 장기 기증 건수는 연 수십 건 정도의 추이를 보였다.

다른 나라들도 장기 이식 요건이 있다. 미국, 독일, 영국 등에서는 본인의 의사 표시, 가족의 승낙 중 어느 하나가 있으면 장기 기증이 가능하지만 프랑스, 이탈리아, 스페인 등에서는 본인이 생전 거부하는 의사를 표시하지 않았다면 '장기 기증 의사가 있다'고 추정해 장기를 적출할 가능성이 있다. 이를 '추정 동의'라고 한다.

추정 동의는 장기 이식 건수를 늘리는 것이 목적이다. '뇌사 상태가 됐을 경우는 장기 기증을 해도 좋다'는 개인의 선한 의사 표시에만 의지하면 일본처럼 장기 이식 건수가 쉽게 늘지 않기 때문이다.

그러나 추정 동의를 선택한 프랑스에서도 실제로는 가족의 허락을 구하는 경우가 많다고 한다. 가족은 뇌사 판정을 받은 육친의 장기 기증을 간단히 승낙하지 않는 모양이다. 제도가 있으나 인간의 감정이 법을 따라가지 못하는 상황이라고 할 수 있다.

최근 유럽에서는 법을 개정해 사전 비동의가 명확하지 않다면 장기 기증이 자동으로 이루어진다고 분명히 했다. 장기 기증을 장려하는 방향으로 논의가 정리된 덕분이다.

애초에 장기 혹은 사체가 누구의 것인지 근본적인 문제가 있다. '나의 사체'라는 표현을 생각해보자. 자연히 기이하게 느껴질 테다. 왜냐하면 죽음으로 '나'라는 기능이 정지했을 때 비로소 '사체'가 존재하므로 '나'에게 '사체가 소유'된 상황은 생기지 않는다. 이 논리는 언뜻 기이해 보일 수 있는데, 잘 생각해보면 전혀 부자연스럽지 않다.

장기 기증에 관한 논의 정리는, 엄밀하게 따지면 소유 관계가 아닌데도 불합리하게 생기는 나와 사체의 관계 그리고 그 관계에 따른 레시피엔트(장기 이식을 받는 사람)나 가족들이 죄책감을 느끼지 않게 하기 위한 것으로 생각하면 이해하기 쉽다. 이에 관해서는 파리에 거주하는 사회심리학자 고자카이 도시아키의 『신의 망령』(도쿄대학출판회, 2018년)을 참고하기를 추천한다. 여담인데 고자카이의 이 책은 2020년 도쿄대 입시 2차 시험 국어 과목에도 출제되었다.

일본 장기 이식법은 현재 '추정 비동의', 즉 명확하게 제공하겠다는 본인의 의사 표시를 확인하지 못하면 '장기 기증에 비동의한다'로 추정한다. 다만 본인의 의사가 불명이면서 가족이 제공에 동의하면 장기를 적출해 타인에게 기증할 가능성이 있다. 지금은 추정 비동의지만 향후 어떤 계기로 여론이 '추정 동의' 도입으로 기울지도 모른다.

여러분 본인이 뇌사 상태에 빠졌을 때, 장기 기증을 희망하는가? 희망하지 않는가? 그 이유는 무엇인가?

장기 기증을 받지 않으면 생이 얼마 남지 않은 상황에서 장기를 이식받을 기회가 온다면 어떻게 하겠는가? 가능하면 장기를 받아 살고 싶은 사람, 남의 장기를 받아서까지 살고 싶지는 않은 사람 등 개인에 따라 생각은 제각각일 것이다.

자식이 갑자기 사고를 당해 뇌사 상태에 빠졌고 아이의 명확한 기증 의사 표시가 없을 때, 여러분은 장기 기증에 동의하는가? 하지 않는가? 그 이유는 무엇인가?

물론 생각과 현실은 다르므로 지금 결정해도 실제로 그

상황이 되면 마음이 달라질 수 있다. 그래도 한번쯤 고민해볼 것을 권한다.

장기를 기증하는 쪽도 받는 쪽도 가족의 존재가 매우 중요하다. 생각을 정리했다면 가족과 대화를 나눠보자. 이런 일들이 앞으로 여러분이나 가족이 수긍할 수 있는 마지막을 맞이하는 데 큰 도움이 된다.

"민폐 끼치기 싫다"는
말은 그만

　　일본에서는 고령에 접어든 사람이
입버릇처럼 "신세 지기 싫어"라고 말하는 모습을 자주 본
다. 자식에게 신세 지기 싫으니까 병원에 다닌다. 스스로
몸을 건사하기 힘들어지면 신세 지기 싫으니까 노인 시설
에 들어간다. 일부러 '신세 지기 싫다'라고 말하는 이유는
무엇일까?

개인적인 의견인데, 일본인은 자신의 생각보다 사회 통념을 중시하는 경향이 있는 것 같다. 사회 통념에 최대한 모순되지 않는 삶을 선택하고 싶고, 사회 통념과 비교하지 않고서는 자신의 태도를 정하지 못하는 것처럼 보인다. 여기에는 일본 사회 특유의 강한 동조 압력이 작용한다.

그런 환경이므로 일본인은 '나는 자식에게 신세 지지 않는 인간이다', '남 신세를 지는 건 말도 안 된다'를 표명함으로써 장수해서 주위에 신세 질 가능성이 큰 자신을 받아주기를 바라는 건지도 모른다. 혹은 '나는 신세 지지 않을 테니까 당신도 신세 질 생각은 하지 마'라고 미리 선을 긋는 것일 수도.

당연한 말이겠지만, 나보다 나이가 많은 사람은 내가 태어나기 전부터 세상을 살았다. 부모든 조부모든 형제자매든, 또 피가 섞이지 않은 다른 누구든 다 그렇다. 설령 같은 시대를 살았어도 다른 사람이 어떤 일들을 해왔는지 당연히 전부 알지 못한다. 사람마다 제각각 살아온 나날이 있다. 그 가치를 타인이 이러쿵저러쿵 말하는 것 자체가 이상한 일임을 알아야 한다.

아무튼 앞으로 자신의 죽음을 생각한다면, 남에게 신세 지느니 마느니 하는 가치 기준에서 벗어나도 좋다. 그런 가치 기준은 인생 마지막 순간을 자유롭게 생각하지 못하게 족쇄를 채운다.

나다운 죽음은 나답게 사는 삶의 연장선 위에 있다. 개인이 각자의 희망을 말하기 어려운 사회 환경은 옳지 않다. 스스로 수긍할 수 있는 죽음을 맞이하려면 그 어떤 간섭 없이 죽음에 관해 자유로이 말하고 생각하는 일이 가장 중요하다.

안락사는 더 이상
불법이 아니다

90세 생일을 맞아 나는 마침내 은퇴했다. 젊어서부터 일을 좋아해서 아무리 야근이 많고 휴일이 없어도 괴롭지 않았다. 현역 시절 남들처럼 이런저런 병을 앓았지만 의료 기술이 진보한 덕에 전부 완치했다. 70세 정도까지 일하고 싶다는 희망을 훌쩍 넘어 90세까지 어떻게든 일할 수 있었다. 내가 90세니 자식들도 나이를 많이 먹었다. 손주도 이미 어른이고, 결혼해서 증손주까지 보여주었다.

소원은 거의 다 이뤘다. 넘칠 정도로 살았고, 몸도 이쯤 되니 지쳤다. 이제 슬슬 인생을 마무리해도 좋을 것 같다.

얼마 전, 주치의에게 안락사를 신청했다. 아내는 놀랐으나, 마지막은 안락사로 떠나고 싶다는 이야기를 자주 했으니까 체념한 듯했다.

일본에서도 드디어 5년 전에 안락사가 합법화되었다. 예전에 일본인은 수백만 엔이라는 거금을 들여 스위스로 건너가야만 안락사를 할 수 있었다. 병으로 견딜 수 없이 고통스러울 것 등 몇 가지 조건과 넘어야 하는 관문들이 있었다. 준비해야 할 서류도 많았다. 병으로 약해진 몸을 이끌고 안락사 준비를 하려면 육체적으로도 정신적으로도 극도로 힘들었을 텐데. 그런 힘든 일을 못 하니 안락사를 희망하는 걸 텐데 일본에서는 할 수 없으니 심신을 무리해서라도 준비해야 했던 사람들이 과거에는 있었다.

안락사가 합법화된 덕분에 지금은 각 지자체에 '안락사 센터'가 설치되었다. 주치의의 문진, 여러 안락사 전문의와의 면담을 거쳐 인정받은 사람은 원하는 시기에 인생을 끝낼 수 있다. 병 때문에 견딜 수 없이 괴로워야 한다는 요건도 사라졌다. 비용도 제법 저렴하다.

한편으로 각종 의료 기술의 덕을 보며 목숨이 다할 때까지 살겠다는 사람도 있다. 나는 그런 사람도 부정하지 않는다. 다양한 가치관과 생각이 존중되고, 개개인의 삶이나 죽음의 방식을 만드는 선택지가 있다니 참 멋진 일이다.

그나저나 안락사 실행일이 될 '기일'을 언제로 할까? 매월 1일, 11일, 22일 같은 날은 신청이 몰려서 추첨식이라고 들었다. 희망하는 기일을 몇 개쯤 정해서 일찌감치 신청해야겠다.

기일에서 역산해 신변 정리도 해둬야 한다. 돈이나 집, 토지 관련한 이런저런 절차는 조금 귀찮긴 해도, 상황에 맞춘 적절한 시기에 떠날 수 있어서 기쁘다. 지금 나는 여행 준비를 할 때처럼 들떴다. 송별식에는 누구를 부를까? 요리는 뭐가 좋을까? 오랫동안 만나지 못한 친구와 마지막으로 한번쯤 얼굴을 보고 대화하고 싶다.

이런저런 생각을 하며 인생의 '최종 이벤트'를 향해 바쁘고 충만한 나날을 보내는 중이다.

- 4장에서는 오늘날 일본 사회가 안고 있는 죽음을 둘러싼 문제들을 살펴보았다.

- 수긍할 수 있는 죽음을 맞이하려면 생각해둬야 할 몇 가지 문제 또한 함께 알아보았다.

- 여러분은 이상적인 형태의 죽음을 맞이할 수 있을까? 만약 그렇지 않다면 무엇이 부족하다고 생각하는가?

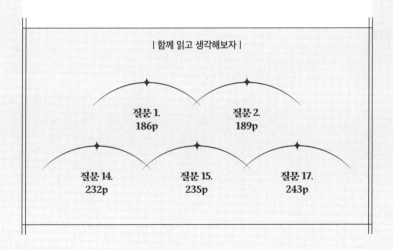

| 함께 읽고 생각해보자 |

질문 1.
186p

질문 2.
189p

질문 14.
232p

질문 15.
235p

질문 17.
243p

5장

당신의 죽음을 디자인할 스무 가지 질문

자, 여기까지 함께한 여러분은

죽음을 생각하기 위한 전제를 업데이트했다.

이제부터는 몇 가지 구체적인 예시를 들어

죽음과 삶에 관한 생각을 더욱 깊이 파고들어보겠다.

지금부터 제시하는 스무 가지 질문 속 주인공은

현재 혹은 앞으로의 여러분이다.

여기 등장하는 등장인물을 자기 자신으로 여기고

진지하게 생각해보자. 물론 '정답'은 없다.

그러나 생각하는 과정이 우리에게 많은 것을 보여줄 것이다.

전부 죽음을 주제로 삼은 상황이지만, 세상 무엇보다 중요한

목숨을 낮게 여기려는 의도는 전혀 없다.

의사로서 모두가 삶을 최대한 누리기를 바란다.

의학의 존재 이유가 바로 그것이니까.

자, 그럼 시작해보자.

강하고 오래가는
'슈퍼 육체'를 살 수 있다면

20XX년, 92세가 된 나는 고민 중이다.

최근 텔레비전에서 자꾸만 광고하는 190세까지 살 수 있는 슈퍼 육체. 사고 싶은 마음은 있으나, 혹시 사기를 당하면 어쩌나 싶다. 가격이 집 한 채보다도 훨씬 더 비싸다.

슈퍼 육체란, 자신의 타고난 육체를 강하고 오래가는 새로운 육체로 바꾸는 것이다. 최첨단 의료 기술 덕분에 마침내 완성되었다. 최근 몇 년간, 올해야말로 완성된다는 소리만 있고 도무지 출시되지 않아서 내가 살아 있는 동안에는 안 되겠다고 막연하게 생각했었다.

회사 시절 동기인 미야시타가 슈퍼 육체를 샀다는 이야기를 전해 들었는데, 그 엄청난 비용을 어떻게 조달했을까? 내 의문은 어쩌면 질투에서 우러난 감정일지도 모르겠다.

그는 나와 오랜 세월 업무상 라이벌이었다. 그도 나도 75세에 '조기' 퇴직했으니 15년 이상 만나지 않은 셈이다.

고민에 빠진 내 눈에 이번에는 '육체 없는' 장수 계획이라는 광고가 보였다. 게다가 이 계획은 기존과는 차원이 다르게 길다. 뇌를 디지털화해서 그 정보를 아바타에 넘겨주어 무려 1만 년을 산다고 하지 뭔가. 1만 년…… 이쯤 되면 상상도 안 되는 세월이다. 그만큼의 세월을 과연 지루하지 않게 보낼 수 있을까? 전자 팸플릿을 내려받아 읽어보았다. 그럴싸한 말이 가득하다.

'1만 년! 영원한 시간을 가질 수 있습니다~!'

'육체의 속박에서 벗어나 인류의 꿈인 불로불사를 이룹시다!'

과연 이 회사 사람들도 이 계획에 참여할까? 우리 같은 이용자들과 함께 한솥밥을 먹을까? 나는 이런저런 상상을 해보았다.

내비게이션 여러분은 어떨 때 인생에 마침표를 찍고 싶은가? '하고 싶은 일을 이제 충분히 했다'라고 느낄 때? '내 인생은 크게 실패했다'라고 느낄 때? '몸이 자유롭지 못해 불안하다'라고 느낄 때? 혹은 여러 가지 원인이 겹쳤을 수도 있다.

인생에 마침표를 찍고 싶을 때, 무엇을 가장 중요하게 여길지 생각해 보자.

1만 년짜리 계획을 신청하는 단계에서 1만 년 동안 '할 일'을 준비하는 건 쉽지 않다. 이용 도중 사이버 공간에 소지품을 추가할 수 있을까? 거기에 추가 비용이 들까? 그런 자세한 조항도 궁금한데, 그보다 먼저 1만 년 동안 하고 싶은 일이라니 도대체 뭐가 있을까…….

질문 2.

영원한 삶을 주겠다고
악마가 거래를 한다면

나는 88세, 얼마 전에 미수米壽를 맞이했다. 1월에 베이지색 새 옷을 차려입고 사진을 찍었는데, 나이를 먹었다는 실감이 없다. 여전히 일주일에 한 번은 골프를 치러 가고, 작년에는 풀 마라톤도 완주했다. 현대 의학은 정말 대단하다.

그런 내 일상에 메일 한 통이 날아온 건 지난 일요일 밤. 골프장을 다녀와 피곤해서 이른 시간에 잠들었는데, 밤중에 문득 깨서 본 메일의 내용이 충격적이라 눈이 또랑또랑해져서 이후로 계속 생각하고 있다. 메일은 악마와의 거래를 제안하는 내용이었다.

'당신에게 영원한 생명을 드리지요. 살아 있는 동안 금전적인 문제도 보장합니다. 다만 일단 수락하면 죽을 수

없습니다. 영원히 살아야 합니다.'

나는 메일의 자세한 내용을 흥미롭게 읽었다. 덥석 믿을 순 없는데……. 아니, 이 영원한 생명에는 젊음도 따라오나 보다. 즉, 인류가 오랫동안 꿈꾼 불로불사가 눈앞에 있었다.

이게 진짜일까……. 당연히 의문이 제일 먼저 들었다. 메일은 누구나 아는 유명한 보험회사의 이름으로 보냈는데, 위장한 악마가 보낸 메일이 아닐까? 하지만 악마가 정말 있다면 메일 같은 방법으로 연락하진 않을 것 같다.

악마와 거래한 경험이 없어서 잘은 모르겠다만. 보통은 꿈에 나타나거나 바에서 버번을 마실 때 인간 모습으로 접근해서 말을 걸 것 같은데…….

내비게이션 첫 번째 질문의 1만 년도 긴데 이번에는 영원이라니, 이제는 상상의 범주를 벗어났다. 게다가 이번 거래는 육체 없는 1만 년보다도 제약 조건이 없어서, 심신이 건강하고 경제적인 어려움도 없다고 보장해준단다. 현재의 삶에 만족해서 삶을 더 누리고픈 사람이라면 충분히 혹할 옵션 아닐까?

그래도 인간은 본능적으로 영원에 두려움을 느낀다. 죽음 후의 시간이 영원인지 아닌지는 개인의 관점에 따라 달라질 것이다. 시간이라는 개념은 삶을 완료하면 소실될 수도 있으므로. 이 이야기에 나오는 영원한 생명은 삶이라는 시간의 개념이 계속 존재하는 것이라고 보면 되겠다.

자, 그렇다면 여러분은 악마의 제안을 받아들이겠는가? 영원토록 오래 살게 된다면 무슨 일을 하고 싶은지도 생각해보자.

질문 3.

가족이 의사를
불러주지 않는다면

89세인 나는 지금 거의 누워서 지낸다. 뇌경색 후유증으로 오른쪽 몸이 잘 움직이지 않는다. 오른손잡이여서 왼손으로 할 수 있는 일에는 한계가 있으니 가족의 도움을 받을 수밖에 없다.

아내도 살아는 있으나 나보다 훨씬 연상이라 다른 방에서 역시 누워서 지낸다. 의지할 가족은 아들 고이치의 처인 며느리 리쓰코 뿐인데, 며느리에게 너무 자질구레한 일을 부탁하면 고이치가 투덜대니까 요즘은 웬만하면 부탁하지 않는다. 갖고 싶은 물건은 인터넷에서 사서 혼자 사는 손녀의 집에 배송시킨다. 손녀가 가끔 집에 올 때 가지고 온다. 한마디로 며느리와 나의 관계는 나쁘다.

어느 날, 나는 아침부터 상태가 안 좋았다. 다른 때보다도 손이 더 안 움직였다. 의사가 경고했던 대로 뇌경색이 재발했을지도 모른다. 20년 전에 처음으로 발작한 후로 오랜 세월 뇌경색과 함께 살았다. 내 병은 내가 제일 잘 안다. 이번에는 뭔가 느낌이 달랐다.

8시가 지나서 나는 며느리에게 말을 걸었다.

"애야, 팔이 잘 안 움직이고 상태가 이상한 것 같은데, 나쓰메 선생을 불러줄 수 있겠니?"

나쓰메 선생은 오랫동안 나를 봐준 재택 진료 의사로 믿을 수 있는 사람이다.

그런데 며느리의 대답은 쌀쌀맞았다.

"나쓰메 선생님은 한동안 쉬세요. 1년에 한 번 가는 가족 여행으로 온천에 가셨어요."

나는 물러나지 않았다.

"그, 그래도 나쓰메 선생은 휴진할 때 반드시 다른 선생을 예비로 두니까, 그 선생에게 와달라고 하면 되지 않니."

"아버님, 그건 안 되죠. 전에 다른 선생님이 이상한 약을 처방했다고 불만이셨잖아요……."

"으응, 그랬었나."

나는 기억을 더듬고 말을 이었다.

"……아, 그래, 그런 일이 있었지. 그때는 처방을 실수했을 뿐이니까 선생도 악의는 없었어."

"하지만 아버님이 싫어하셨으니까 제가 나쓰메 선생님한테, 앞으로 아버님은 다른 선생님의 진료는 거부하고 싶다고 말씀하셨다고 전해드렸어요."

일부러 그런 소리를 했구나. 나는 확신했다. 하지만 지금 날카롭게 나가면 안 된다. 나는 며느리가 부엌에 돌아간 걸 확인하고, 고이치에게 메시지를 보냈다.

'리쓰코에게 부탁하기 어려운 일이 있는데, 혹시 너한테 부탁할 수 있을까?'

지금 고이치는 외국 출장 중이어서 다음 주 중반까지 돌아오지 못한다. 시차가 어떤지 모르겠다. 그래도 아버지의 위기 상황이니 바로 대처해주리라 믿었다.

운이 따랐는지 답변이 바로 왔다. 나는 안도했다. 그러나 안도감은 순식간에 절망으로 바뀌었다.

'지금 바쁘니까 리쓰코에게 부탁하세요.'

고이치, 그럴 수 없으니까 부탁하는 거 아니니. 다시 한번 메시지를 보냈으나 이번에는 대답이 없었다. 예전에 며느리를 거치지 않고 나쓰메 선생에게 연락한 적이 있는데, 그때 1년쯤 원망 섞인 소리를 들었다. 물론 그 정도야 얼마든지 들어도 괜찮지만…… 나는 어떻게 할지 잠시 생각했다.

손녀 아키는 내가 보낸 메시지를 보고 바로 와주었다. 착한 녀석이다. 며느리를 안 닮아서 정말 다행이다. 나는 속으로 그렇게 혼잣말했다.

"할아버지, 무슨 일이에요? 뭐 도와드려요?"

"나쓰메 선생 댁의 젊은 의사 선생을 좀 불러주겠니?"

"네? 그런 건 엄마한테 부탁해도 되잖아요? 할아버지가 직접 메일을 보낼 수도 있잖아요?"

아키가 어리둥절한 표정을 지었다.

"그게……."

나는 말을 잇지 못했다. 결국 아키를 거쳐도 며느리의 관문을 통과해야 하는 건 똑같다. 내가 멋대로 나쓰메 선생에게 메일을 보내봤자 선생은 분명 며느리에게 확인할 것이다. 그러면 지금보다 더욱 사태가 복잡해진다. 나는 아키에게 이런 말까지는 할 수 없었다.

"우리 손녀가 건강하게 잘 지내는 모습을 보니까 조금은 기운이 나는구나. 이제 괜찮다. 고마워."

"으응……. 급한 일은 없었던 거죠? 뭐, 괜찮아요. 언제든 또 부르세요!"

그 말을 남기고 아키는 자기 집으로 돌아갔다.

나는 하도 봐서 익숙한 천장의 기하학적인 무늬를 바라보며 생각했다. 이제 내 목숨은 완전히 며느리 손아귀에 있구나…….

내비게이션 여러분은 지금 뇌경색이 악화됐을지도 모를 위기 상황에 놓여 있다. 지금까지의 병변에 추가로 어딘가가 아파서 긴급 상황이 진행될 가능성이 충분히 있다. 물론 사서 걱정일지도 모르지만, 한시라도 빨리 주치의인 나쓰메 선생의 진찰을 받는 게 좋겠다고 생각한다. 그런데 의지할 가족은 현실적으로 며느리인 리쓰코뿐이다. 다만 며느리에게 부탁한다고 일이 쉽게 해결되지 않는다. 지금까지도 며느리와 몇 번이나 말다툼을 벌이며 나쓰메 선생을 불러온 적이 있다. 게다가 왕진이 크게 도움이 된 적은 한 번도 없다. 실상 전부 사서 걱정이어서, 전혀 증상이 진행되지 않았다.

하지만 이번에는 어쩌면 다를지도 모른다. 언어를 관장하는 부분에 뇌경색이 일어났다면 치료하지 않고 이대로 뒀다간 내일부터는 말을 못하게 될 수도 있다. 마지막이라고 각오하고 며느리와 담판을 지을 것인지 여러모로 고민된다.

만약 이번에도 아무 일 없다면, 앞으로 며느리는 다시는 여러분을 상대해주지 않을 것이다. 아들 고이치는 다음 주 중반에나 돌아온다. 다행인지 불행인지, 시간만큼은 넘치도록 있다. 자, 과연 어떻게 하면 좋을까?

질문 4.

평생 독신이라면
혼자 죽게 될까?

지금 나는 굉장히 초조하다. 설마 이런 기분에 사로잡힐 줄은 몰랐다. 나에 대해서는 잘 아는 줄 알았는데 천만의 말씀이었다.

내 인생은 순조롭게 잘 풀려서 많은 것을 이뤘다. 70살이 넘은 지금도 내 능력을 원하는 곳이 많고 몸도 건강하니까 감사할 일인데, 딱 한 가지 아쉬운 점이 있다면 결혼하지 않은 것이다. 원래 누군가와 공간을 공유하는 게 성질에 안 맞고 친구도 적은 편이며 이성 교제 경험도 얼마 없다. 그래도 이런 성향이 일이나 사생활을 충실하게 꾸려가는 것으로 이어진다고 믿었기에 딱히 후회하지 않는다. 요리나 청소, 세탁 같은 집안일도 거뜬히 하니까 불편하지도 않다.

이렇게 생각한 것도 지난주까지다. 지난주에 무슨 일이 있었는가 하면, 오랜 친구 사토와 만났다. 그와는 나이가 비슷하다. 나와 마찬가지로 독신주의여서 마음이 잘 맞았다. 솔직히 사회적으로는 내가 더 성공했지만, 그 역시 회사 생활을 정년까지 무사히 마쳤고 다양한 취미를 즐기며 자유롭게 산다. 지난주에는 오랜만에 같이 술을 마셨다.

어느 정도 취기가 돌아 기분이 좋아졌을 때, 사토가 갑자기 무릎을 꿇고 앉았다. 뭐지, 돈이라도 빌려달라는 건가? 그런데 아니었다.

"사실은 보고할 게 있어."

"응?"

"최근 '종활終活(인생의 마지막을 맞이하기 위한 다양한 준비 활동 – 옮긴이)'을 하면서 생각을 해봤는데……."

"……."

"결혼하려고 해."

이 무슨 마른하늘에 날벼락 같은 소리인가. 이후 이야기를 들어보고 나는 더욱더 혼란스러워졌다. 사토가 말하기를, 이제부터 인생 종반에 접어드는데 혼자 살다가 죽는 것은 여러모로 무리일 것 같다나. 그래서 젊은 여성과 결혼하는 줄 알았는데 상대는 연상이었다. 사토보다 세 살 위인 74세 여성. 시 창작 모임에서 활동하면서 알게 되었다고 한다. 여성은 오래전에 배우자와 사별한 상태고, 인생 후반을 함께 사는 것에 동의했다고 한다.

"형도 좋은 사람을 찾지 그래?"

미지의 세계에 발을 들인 그는 그렇게 말했으나, 나는 상상도 못 하겠다. 이 나이에 다른 사람과 살 수 있을까? 아니, 그보다 나는 어떻게 죽으면 될까? 물론 이 나이 먹을 때까지 그런 생각을 안 해본 것도 아니고, 여차하면 요양 시설에 들어가려고 돈도 모아두었지만 아직 한참 나중 일이라고 생각했다. 하지만 70대라는 나이는 확실히 노인은 노인이지…….

내비게이션　아직 현역이라고 의식하는 동안에는 종활이라는 단어가
도무지 현실감이 없다. 그러나 병에 걸리거나 나이를 먹어 몸에 제약
이 생기는 일은 예기치 못한 형태로 갑자기 찾아온다.

혼자 살든 그렇지 않든 이런 문제를 평소에 생각하고 준비해두는 사람
도 많을 것이다. 한편으로 황당할 정도로 전혀 생각이 없는 사람의 이
야기도 종종 듣는다.

물론 이 책에서 꾸준히 설명했듯이 의학의 발달이 나이를 먹는 과정을
원만하게 계획할 수 있도록 만들어준다. 그래도 '어떻게 인생을 마칠
까?'는 단순한 신체적·의학적인 문제를 넘어 일상의 선택지 중 하나,
또 자기 자신의 감정·자세와도 연관 있는 문제다. 의학적으로는 결국
어떤 환경이든 '죽을 때는 혼자'다.

질문 5.

인생 파트너와
노후 계획이 다르다면

64세인 나는 매일 활기차게 살아간다. 일남일녀 육아를 마치고 부부 둘만의 생활로 돌아왔다. 작년에 결혼한 딸이 얼마 전에 임신했으니까 내년에는 나도 동경하던 할머니가 될 것이다. 아들은 아직 가정을 꾸릴 마음은 없나 본데, 이공계 대학원을 졸업하고 무사히 취직해서 혼자 살기 시작했다.

20년 이상 육아를 그 무엇보다 우선시했는데, 앞으로는 나를 위해서 시간을 쓰고 싶다. 아이들이 독립하기 전부터 시작한 테니스와 노래 교실도 열심히 다니고, 앞으로는 1년에 한 번쯤 외국 여행도 즐길 예정이다. 친구와 계획을 세우느라 즐겁다. 죽을 때까지 앞으로 몇 년이 남았는지는 몰라도 하여간 즐겁다. 상상의 나래를 펼치며 매일 두근두

근하며 지낸다.

그런데 문제가 하나 있다. 내년에 일흔이 되는 남편이 영 부정적이다. 처음에는 외국 여행도 세 번에 한 번쯤은 같이 가주겠다고 했으면서, 여행 팸플릿이나 인터넷 사이트를 보여주며 대화를 시도해도 딱히 좋아하지 않는다.

원래도 회계 일 말고는 취미다운 취미도 없던 사람인데, 예상 이상으로 유럽 문화나 예술에 문외한이어서 대화가 도통 안 통한다. 심지어 이 호텔에 묵으면 돈이 어느 정도 든다느니, 노후 자금 계획에 영향이 미친다느니, 꿈도 희망도 없는 소리만 늘어놓는다. 그래서 됐다고, 여행은 친구들과 가겠다고 했더니 부루퉁해져서는, 정말이지 귀찮아 죽겠다. 드디어 나만을 위해 시간을 쓸 수 있게 되었는데 남편은 매번 부정적으로만 군다.

내비게이션 여러분의 남편, 여러분의 아내는 어떤가? 부부가 노후 계획을 두고 같은 마음을 공유했는가?

이 부부는 가치관이 전혀 다른 것 같은데, 지금까지 부부 생활이 파국에 이르지 않고 참 잘도 견뎠다 싶다. 아니, 서로 다르기에 오랜 부부 생활을 잘 버텨냈을까? 이 부분도 다양하게 생각해볼 수 있겠다.

이 문제를 해결하려면 죽을 때까지 돈이 어느 정도 있으면 될지 합리적으로 생각할 필요가 있다. 언제까지 살 것인가, 그때까지 병원에 얼마나 신세를 질 것인가, 치료에 어느 정도 돈을 쓸 것인가…… 고민이 끊이지 않는다.

인생에서 무엇이 소중하고, 그것을 누구와 공유할 것인가? 친구인가 배우자인가 아이들인가? 아니면 아무와도 공유하지 않고 혼자 즐길 것인가? 병에 걸렸을 때 누구에게 의지할지도 중요하다. 아무에게도 의지하지 않는 것도 물론 좋은 결심인데, 그런 부분까지 전부 포함해서 잘 생각해둬야 한다.

질문 6.

당신이 내리는
죽음의 정의란

이번에는 비교적 간단한 질문이다. 인간의 죽음이란 무엇일까? 눈앞의 사람이 죽었는지 살았는지 어떤 기준으로 판단할 것인가?

지금 여러분이 그런 상황에 놓여 있다고 가정하고 3분쯤 진지하게 생각해보자.

그런 다음, 총리나 복지부 장관이 되었다고 가정하고 죽음의 정의를 결정해야 한다면 어떻게 할 것인지 생각해보자. 시대는 현재, 이 책을 읽은 오늘도 좋다.

또 하나. 여러분은 안락사와 존엄사를 동일하다고 생각하는가? 이 두 가지를 나눠서 생각할 필요가 있는지도 한 번 생각해보면 좋겠다.

내비게이션 '안락사와 존엄사는 같은가?'라는 질문에 당연히 같다거나 별로 다르지 않다고 생각한 사람도 있을 테고, 듣고 보니 새삼 어려운 문제라고 생각한 사람도 있을 것이다. 안락사와 존엄사의 차이는 심도 있게 논의되어온 영역인데, 여전히 뿌리가 깊은 문제다.

매스컴 보도는 주로 일본 존엄사협회의 안락사와 존엄사의 정의를 전면에 내세우는데, 사실 세계적으로 보면 이 차이를 놓고 다양한 의견이 있다.

놀랍게도 일본 법률에는 죽음의 정의가 없다. 의외라고 생각할 텐데 정말이다. 법적인 '죽음'의 정의가 없는데도 1997년에 성립한 장기 이식법에는 '뇌사'의 정의가 있으니 참 복잡해진다.

장기 이식법은 뇌사를 '뇌간을 포함한 전뇌의 기능이 불가역적으로 정지에 이르렀다고 판정된' 상태라고 정의한다. 각종 반사 반응의 소실, 뇌파 평탄화, 자발적 호흡 정지 판정을 시간을 두고 두 번 반복해서 확인한다. 복잡한 것이 '자발적 호흡'인데, 대체로 일반인이 생각하는 죽음의 이미지와 괴리가 있다. 이 문제가 앞으로 소개할 열한 번째 질문과 이어진다. 어떤 상황이면 눈앞의 사람을 죽었다고 판단할지, 이번 기회에 꼭 생각해보자.

질문 7.

장기 기증을 둘러싼
부부의 대화

남편(49세): "아야코, 아직 안 자?"

아내(54세): "응, 여보. 생각할 게 있어서 잠이 안 오네."

남편: "응? 뭐 문제 있어? 게이코 대학 문제는 다 정했잖아?"

아내: "아니, 오늘은 그게 아니라(쓴웃음). 내일부터 장기 기증 추정 동의가 옵트 아웃(본인이 생전에 장기 기증에 반대하지 않으면 승낙한 것으로 보는 것) 되잖아."

남편: "아하, 그랬지."

남편은 의사다. 따라서 이 문제를 모르지 않겠지만, 이건 개인의 문제다. 왜냐하면 그는 '장기 기증은 싫다'고 일찌감치 정해서 각종 카드에 이미 비동의라고 기재해두었다.

유언장에도 기재했다고 하는데 그게 남편의 농담인지 아니지 유언장 실물을 본 적 없으니까 확인은 불가능하다.

아무튼 이건 개인적인 문제다. 나는 조금이라도 세상에 도움이 되고 싶어서 장기 기증에 전혀 거부감이 없었다. 이 몸이 잘려 나가더라도 누군가의 도움이 된다면 기쁜 일이다. ……하지만 옵트 아웃, 즉 무조건 동의라고 여기는 건 좀 다르다.

죽음에 이르는 각종 상황이나 그때 내 몸 상황도 모르는 상태에서 마음에 맡길 수는 없다는 생각이 든다. 침실로 들어가는 남편의 기척을 느끼며 나는 벽시계 초침이 존재를 주장하는 거실에서 작게 한숨을 쉬었다.

내비게이션 적극적 동의와 추정 동의. 다르지 않다고 생각하는 사람도 있고, 전혀 다르다고 생각하는 사람도 있다.

추정 동의(옵트 아웃)로는 서류를 준비한 사람, 죽기 전에 장기 기증을 명확하게 거부한 사람 이외에는 모두 장기 이식 승낙자로 여긴다. 이러한 옵트 아웃은 병원에 진찰받으러 갈 때도 적용된다.

명시적인 반대 의사를 표현하지 않는 한, 여러분의 의료 데이터는 익명화되어 빅데이터의 일부로 의학 연구, 나아가 의료 비즈니스에 활용된다. 옵트 인, 옵트 아웃. 익숙하지 않은 단어인데 의외로 우리 가까이에 존재한다.

그러나 이렇게 제도가 일정한 방향으로 강하게 움직이는 것에 대해 내면에서 느껴지는 저항감도 중요하다. 아내는 어쩌면 처음부터 비동의 의사를 표현한 남편과 생각이 비슷할지도 모른다.

질문 8.

자녀에게 거액의
치료비가 필요하다면

나는 73세, 감사하게도 여전히 현역으로 일하는 회사원이다. 다만 최근, 일상생활에 돈을 넉넉하게 쓰지 못하게 되어서 조금 초조하다. 젊을 때는 뭐든 잘 참았다. 덕분에 나는 재산을 불리는 데 성공할 수 있었다. 그러나 여유로운 척해도 이렇다 할 미래 전망이 없는 단조로운 하루하루를 이어가면 불안이 늘어난다.

아내는 돈을 펑펑 쓰는데 저축에는 한계가 있다. 한편으로 현재 들어오는 수입이라곤 정부의 멍청한 정책 때문에 쥐꼬리만 하게 줄어든 연금뿐이다. 또 선대 사장인 친구와의 의리로 지금도 고문 일을 하는 회사에서 받는 고문료 정도인데, 이건 정말 얼마 안 된다. 평생 쓸 돈이 있다고 믿으면 안 된다. 아내에게 몇 번이나 이런 말을 했는데, 낭비 습관을 도무지 고치지 못한다.

그런 상황에서 큰 문제가 생겼다.

50세를 넘은 외동아들이 암에 걸렸다. 그것도 난치성이어서 치료가 몹시 어려운 암이다. 우리 부부는 그런 사실을 전혀 몰랐다. 아들 몰래 연락한 며느리 아키에게 소식을 들었을 때는 이미 2년이나 치료를 받는 중이었다.

나는 만약을 위해 따로 모아둔 2,000만 엔이 있다. 아들이 시도해보고 싶다는, 보험 적용이 안 되는 미국 기기를 쓰는 최신 치료비가 딱 그 금액이라고 한다. 나는 공학부 출신이어서 과학 기술에 제법 밝은데, 솔직히 그 치료의 가치는 잘 모르겠다. 완전히 돈만 낭비할 가능성도 있을 것이다.

아내는 아들을 끔찍하게 아끼니까 아들이 아픈 걸 알면 돈을 대주고 싶다고 할 것이다. 그렇다고 낭비벽을 자제할 수 있을까? 애초에 나는 아내에게 이 이야기를 해야 할지도 망설여진다.

내비게이션 돈은 언제나 한정적이다. 또 돈의 사용처는 대체로 계획과는 달리 변화한다. 그럼에도 불구하고 모든 것을 다 집어던져서라도 사랑하는 아들의 치료를 위해 돈을 쓸 것인가?

2,000만 엔이라는 가격표가 붙은 치료가 그만한 돈에 어울리는 효과가 있을까? 효과가 있는 경우가 오히려 드물다. 그래도 아들을 위해서 돈을 건넬 것인가? 아니면 똑같이 아들에게 돈을 쓰더라도 아직 건강한 아들과 가족을 데리고 외국 여행이라도 다녀오고, 나머지는 계속 노부부의 종활을 위한 자금으로 삼을 것인가? 무엇보다 배우자에게 이 이야기를 할 것인가?

아들에게 돈을 쓰겠다고 결론을 내렸다면, 이번에는 암에 걸린 사람이 배우자거나 자기 자신일 때도 함께 생각해보자.

질문 9.

죽기 직전까지
최첨단 기술을 누릴 수 있다면

조금 전에 영업 사원이 돌아갔다. 나는 지칠 대로 지쳤다.

교통사고 후유증 때문에 누워서 지낸 지 벌써 만 2년이라는 세월이 지났다. 새로운 법률은 자리보전한 환자를 대상으로 2년이 지나기 전에는 적극적인 영업 활동을 하면 안 된다고 규정한다. 나는 현재 67세인 남성. 젊은 시절에는 스키 선수로 활동했으니 체력에는 자신이 있다. 몇 년 전에 조기 퇴직한 상사商社의 임원직도 체육계 연줄을 써서 억지로 낚아챈 것이다. 나는 그런 인생을 살아왔다.

그랬는데 우연한 사고가 생각 이상으로 심각해서 손발을 움직일 수 없게 되었다. 의사도 원인을 모르겠다는 소리만 늘어놓는다. 온몸을 통합하는 기능에 장애가 생겼느니 뭐라느니 설명하는데, 나는 도무지 이해가 안 된다.

하기야 세상에는 잘 모르는 일이 많은 법이다. 의사를 욕해봤자 무슨 소용인가.

그나저나 방금 영업 사원이 놓고 간 방대한 자료, 어디 조금씩 살펴볼까……. 그 사람은 VR 전문 회사의 영업 사원이다. VR 기기를 설명하러 한 번 찾아오겠다고 약속해서, 자리보전한 후 만 2년이 지난 오늘까지 기다려 찾아온 것이다.

VR로 체험하는 스키, 테니스, 골프……. 아바타로 즐기는 우주, 세계 여행, 미식. 옛 친구들과의 버추얼 커뮤니티를 재구축하도록 지원하는 서비스도 있다. 내 친구들은 다들 바빠서 적극적으로 이런 걸 하진 않겠지만, 내가 하자고 하면 같이 해줄 사람들이다.

나는 옆에 쌓인 팸플릿의 산을 다시 바라보았다. 뭐, 딱히 나쁘진 않다.

내비게이션 앞으로는 버추얼 도구가 다방면으로 사용될 것이다. 버추얼뿐 아니라 고기능 전동 휠체어나 말기 환자용 침대도 급속도로 진화하는 추세다. 방의 조명 조절, 인터넷 환경, 뇌파로 의사 소통하는 시스템 등등 첨단 기술을 도입하면 삶의 질이 극적으로 올라간다.

이 책을 집필한 시점인 2022년 5월에 이미 이용할 수 있는 고품질 첨단 기술 서비스로는 버추얼 여행과 버추얼 미식이 있다. 이것만으로도 충분히 매력적이고, 이런 VR 기기가 더 발달해서 나타날 미래에 대한 기대도 커진다.

대표적인 VR 기기인 Oculus Quest 2를 제공하는 미국 Meta Platforms(구 페이스북) 웹사이트에는 앞으로 10년간 VR 활용 분야로 '소셜 연결, 엔터테인먼트, 게임, 피트니스, 일, 교육, 커머스'를 꼽았다. 이 분야에는 무한한 가치가 느껴진다.

자, 본론으로 돌아오자. 이미 누워서 지내는 여러분이 예산 문제로 딱 한 가지만 첨단 기술을 도입할 수 있다면, 어떤 기능을 보조해주는 기기를 원하는가?

질문 10.

어떤 의료 보험을
선택해야 할까?

일본 정부가 의료 제도를 변경하기 위해 국민 투표를 진행한다. 20XX년, 앞으로 10년 후의 의료 제도를 A안과 B안 중에서 선택한다[표3].

국회에서 법률을 제정하는 것은 예전과 같은데, 중요 안건에 한해서는 국회 심의 전에 '참고를 위해' 국민 투표를 하는 제도가 생겼다. 정식으로 제도화된 것은 전 총리의 공적이다. '참고한다'라고 소극적으로 표현하지만, 실질적으로 국민 투표가 국회 논의에 크게 제약을 걸 것으로 보인다.

안건 공개는 몇 개월 전에 이루어졌고, 해당 안을 지지하는 정치가나 전문가가 토론하는 이벤트를 자주 열었다. 나는 지금까지 A안이 좋다고 생각했는데, 토론을 보면서

표 3) 두 가지 선택지	
A안	B안
국민 연금 보험	
정지하고 개인 보험으로 보충. 다만 목숨이 위태로운 스무 개 질환은 계속 공공 의료 보험의 대상이다.	존속한다. 다만 프리 액세스는 폐지한다.
국민의 세금 부담	
기존대로 유지	소득 누진과세 10% 추가 (국민보험세) 고정 자산세 역시 0.1% 일률 과세
신기술	
적극적으로 도입하지 않는다.	새로운 의료 기술은 기존대로 심사를 거쳐 국민개보험에 도입한다.

B안으로 기울었다.

　이유는 이렇다. 나 자신이야 병에 걸렸을 때 보장이 되는 보험에 가입할 저축이 있지만, 나이 든 부모님이나 따로 자산을 관리하는 아내, 이미 중년이 된 자식들의 주머니 사정은 잘 모른다. 또 내 자산이 그들을 도울 만큼 충분할지 자신이 없다. 그러니 차라리 B안을 수용하는 것이 현명하지 않을까, 나는 그렇게 생각한다.

내비게이션 일본에 사는 이상 일본의 공공 의료 제도와 어울려 살아가야 한다. 책을 집필한 시점에서 당당하게 제도의 근간에 자리한 것이 '국민개보험'과 '프리 액세스'인데, 2025년쯤에는 최소한 프리 액세스는 대폭 재검토할 테고 공공 의료 제도가 고비를 맞을 것이다.

지금 모두가 누리는 이 제도는 '세계에서 드물게 혜택이 큰 제도'로, 아주 예외적으로 제도를 누리고 있다는 뜻이다. 또 제도를 유지하려면 믿을 수 없는 거액의 비용(GDP의 8퍼센트)이 들어간다는 것을 인식해야 한다.

물론 이 사회를 살아가는 전원에게 필요한 제도이니 유지하는 데 경제적인 문제가 없다면 이런 논의는 불필요하다. 그러나 그런 상황이 아니다. 고령자 인구가 늘어나고 의료 기술이 너무 순조롭게 발달한 것이 두 가지 주된 원인이다.

여러분은 국가가 어떤 선택을 하기를 바라는가? 참고로 다른 국가의 의료 제도도 정리해보았다[표 4].

표 4) 각국의 의료 보험 제도 비교

		사회 보험 모델				완전 시장 모델
		일본	영국	프랑스	독일	미국
재원		보험료 +세금	세금	보험료 +세금	보험료	민간보험
보험자		건강보험 조합, 각 지자체	국민보건 서비스(NHS)	질병금고	질병금고	민간회사
피보험자		주민 전원	주민 전원	주민 전원	고소득자 이외 주민	가입자만
자기 부담		1~3할	없음	입원 2할, 외래 3할	입원 10€ (1일), 외래 무료	각각 다름
이용 가능한 의료 기관	진료소	자유	등록 GP●만	원칙적으로 등록 GP만이지만, 그 이외에도 이용할 수 있음	원칙적으로 등록 GP만	등록 GP만	다만, 보험회사의 규정에 따른다
	병원		GP의 소개		GP의 소개	GP의 소개	
비고			민간보험에는 PMI와 HCP 2종류가 있다	느슨한 GP 제도. Mutuelle (상호보험), 저소득자 기초 보험 CMU 있음	고소득자는 민간보험	수급 자격이 있는 사람은 공공 의료 보험 제도의 메디케이드나 메디케어에 가입 가능

● GP: 종합 진료의 General Practitioner

출처: 저서 『미래 의료 연표-10년 후의 병과 건강』(고단샤 현대신서)
원 자료: OECD Health Statistics 2015

질문 11.

아이가 뇌사 상태에
빠졌다면

아들이 교통사고를 당했다는 아내의 연락이 왔을 때, 내년도 예산을 정하는 중요한 회의에서 1번 타자로 발표를 하려던 참이었다. 나는 45세, 외국계 제약 회사의 마케팅 담당 부장이다.

'다행히 목숨이 위험하지는 않대. 그래도 의식이 돌아오지 않아서 지금부터 각종 정밀 검사를 할 거야. 빨리 와. 병원은……'

아내가 보낸 절박한 메시지였다.

그러나 1년 중 가장 중요한 회의여서 중간에 나갈 수 없다. 나는 독불장군인 사장의 눈을 피해 종종 무릎 위에 올려놓은 스마트폰을 살피며 아내의 다음 메시지를 기다렸다. 결국 오전 회의 내내 아내의 연락은 오지 않았다.

점심시간, 간절한 마음으로 전화를 걸었으나 받지 않았다. 작은 정보라도 알게 되면 연락을 달라고 아내에게 메시지를 남기고, 오후 회의에 참석했다.

저녁, 일을 마치고 병원에 갔더니 담당 의사가 말도 안 되는 소리를 했다.

"아드님은 뇌사입니다."

"네? 뇌사는 판정이 필요하잖아요? 그러려면 보호자의 동의가……."

나는 제약 회사에 다니는 유능한 마케터다. 일반 회사원들과는 차원이 다르다. 그런데 담당 의사가 말했다.

"아버님이 말씀하시는 건 10년이나 예전 일입니다."

"네? 뭐라고요?"

"2035년인 지금, 국제 조약에 근거해 본인의 사전 비동의가 명확하지 않으면 자동으로 뇌사 판정을 내립니다. 아드님은 오늘 오후에 판정을 받았습니다."

나는 매달리는 심정으로 아내를 바라보았다. 눈이 마주

치자 아내는 가만히 시선을 피하고 고개를 숙였다.

"아드님은 기준 테스트를 전부 클리어했으므로 뇌사로 판단했습니다. 이제 규칙에 따라 엄숙하게 잔존 장기의 기능 평가와 적출 준비를 진행하려고 합니다."

나는 온몸에서 피가 빠져나가는 기분을 느끼며 한참이나 그 자리에서 움직이지 못했다.

집에 돌아온 우리는 답답한 심정으로 대화를 나눴다.

"결국 이의 신청을 할 수밖에 없겠지……."

"그래야겠지. 아까 회사에 속한 의사에게 물어봤는데, 오늘 의사 선생이 한 얘기랑 똑같은 말을 했어……."

히가시노 게이고의 『인어가 잠든 집』은 2015년에 나온 책이다. 내 지식은 그때 이후로 갱신되지 않았는데 현실은 달랐다. 이 책의 주인공은 물에 빠져 뇌사 상태가 된 딸을 둔 엄마로, 뇌사 판정을 거부하고 엽기적으로 보이는 치료를 시작했으나, 이제는 그럴 수도 없다는 소리다.

내비게이션 이 이야기를 보면, 나는 예전 일이 생각난다. 장기 이식법이 처음 시행되었을 때, 나는 곧바로 장기 기증에 동의한다고 사인했다. 모든 장기 제공 OK. 그때는 딱히 진지하게 생각하지 않았다.

그로부터 며칠 후, 오랜만에 어머니와 만나서 면허증 뒤에 적힌 장기 기증 의사 표시를 보여주며 이런저런 잡담을 나눴다. 그러나 지금은 세상을 떠난 어머니가 차분하게 반대했다.

"나는 그거 싫으니까 그만둬라."

이렇게 확실하게 말했다. 어지간한 일에는 자기 주장을 내세우지 않는 어머니의 강한 말투에 당황했던 기억이 있다.

"네가 살아 있지 않은데 눈이나 심장만 살아 있는 건 싫다."

그날, 어머니는 거듭 그렇게 말했다.

다시 질문으로 돌아오자.

뇌사 판정 이의 신청을 해도 인정된 사례가 없다. 조사해보니 과거 2,000건이 넘는 미성년 뇌사 판정이 있었고, 200건이 조금 안 되는 이의 신청이 있었으나 전부 기각되었다. 다만 이의 신청을 하면 3주쯤 유예가 주어진다.

이런 상황에서, 담당 의사가 이의 신청 기간은 인공호흡기로 생명을

연장한 자식을 지켜보는 기간이라고 설명하며 "가족분 마음에 크게 상처가 남으니 절대 추천하지 않습니다"라고 말했다고 해보자.

자, 여러분이라면 배우자와 그날 밤 무엇을 어떻게 말하겠는가?

질문 12.
자식이 정년 45세 기업에
취직한다면

외동아들 다다시(22세)는 우리 아리오카 집안의 기대주다. 또한 희망의 별이다. 부모와 양가 조부모까지 총 여섯 개의 지갑과 애정을 한 몸에 받으며 무럭무럭 자라 일류 대학에 진학했으니 모든 것이 순조로웠다.

그런 다다시가 정년을 45세로 앞당긴 X 회사의 최종 면접에 갔다고 한다. 평생 버는 금액은 적어도 연봉은 괜찮고, 휴가 제도나 복리후생이 다른 회사와 비교도 안 될 만큼 호화롭다고 한다. 게다가 하필이면 X 회사는 부모인 나나 다다시의 친할아버지인 우리 아버지가 일했던 Y 회사의 경쟁 기업이다.

나는 틈만 나면 마음을 바꾸라고 아들을 설득했으나 소용없나 보다. 다다시의 의지가 너무도 확고하다. 다다시는 원래부터 자신감이 넘쳐서 남의 의견을 잘 듣지 않는다. 그래도 내 아들이지만, 모두가 어려울 거라고 한 명문 학교에 합격하는 등 각종 무용담이 대단해서 인정하는 면이 있다.

그날도 밤늦게까지 수없이 반복한 이야기를 또 나눴다. 다다시는 자기가 실패하리라는 생각이 전혀 없었다. 자기는 반드시 성공하는 사람이니까 45세 정년은 단순한 숫자일 뿐이라고 주장했다.

아니, 당연히 세상이 그렇게 쉬울 리 없다. 최근에는 고용 형태의 다양화와 발맞춰 정년 제도 자체가 줄어드는 추세지만, 제도를 유지하는 회사는 적어도 65세고 요즘은 70세인 곳도 많다. 물론 일정 나이부터는 급여가 줄어드는 형태지만 아예 수입이 사라지는 상황과 비교하면 안심이 된다.

나는 다다시를 어떻게 설득해야 할까?

내비게이션 정년 문제는 단순히 수입의 문제가 아니다.

인생을 디자인할 때, 정년 이후의 삶을 스스로 개척해야 하는 일은 누구에게나 무거운 과제다. 그러나 고령화가 진행되고 국력이 점점 낮아지는 나라에서 정년 제도 존속, 또 회사라는 존재에 의존하는 생활이 계속 보장될 리가 없다.

그래도 45세 정년인 회사를 기쁘게 선택하려는 사랑스러운 아들이 눈앞에 있다면, 여러분은 어떤 식으로 개입하게 될까? 아들이지만 자신과는 다른 인간이므로 그냥 둬야 할까? 아들의 일이 아니라 아예 본인의 일이라고 바꿔서 생각해보자.

질문 13.

나의 죽음에
의사의 역할은 무엇일까?

나는 69세로, 건강에 이렇다 할 심각한 문제는 없다.

그렇다고 언제까지나 무병장수할 거라고 태평하게 생각하지도 않는다.

몇 년 전에 녹내장이 발병해 안과 의사 선생에게 조심하지 않으면 실명할 수 있다는 말을 들었다. 고혈압과 고지혈증 약은 복용한 지 20년쯤 됐을 것이다. 약을 처방해주는 의사는 당뇨병 전문의이자 어린 시절 친구다.

지금 병원 신세를 질 정도의 혈당 이상은 없는데, 당뇨병 위험성을 낮추기 위해서라면서 친구가 정기적으로 처방전을 보내주고 물을 많이 마셔서 신장을 보호하라고 입이 닳도록 잔소리한다. 다만 그가 멀리 살아서 자주 만나지 못하는 게 고민이다. 대신 방문 진료나 고령자 시설도 지원한다는 한 의사 선생이 경영하는 근처 클리닉에 가끔 가는데, 장삿속만 밝은 것 같아서 영 마음에 안 찬다.

그나저나 의사 중에 마지막까지 내 곁을 지켜줄 의사는 누구일까? 죽을병에 걸렸을 때, 누구를 의지해야 할까? 이 답 없는 문제 때문에 가끔 골치가 아프다.

내비게이션 큰 병에 걸리면 무병장수에서 일병장수로 인생이란 게임의 단계가 올라간다. 그러면 주치의가 생긴다.

주치의가 생기면 좋은 점이 많은데, 큰 병 이외의 소소한 트러블도 해결해준다. 코로나 백신을 맞을지 여부나, 전문 분야가 아니더라도 무릎 통증이 있거나 눈이 침침할 때도 적절한 조언을 해준다. 의사 쪽도 주치의로서 지병을 포함한 환자의 전체적인 건강 상황을 지켜보면 안심되는 면이 있다.

자, 그런 상황에서 의사가 어떤 역할을 담당해주기를 바라는가? 특히 이번에는 살아 있는 상태가 아니라 죽음에서 담당하는 역할이라는 전제로 생각해보자.

죽음을 앞두고 의사가 여러분에게 무엇을 해줄 수 있을까? 여러분은 의사에게 무엇을 기대하는가? 만약 의사에게 기대가 없다면, 의사 이외의 어떤 의료 직종에게 도움을 요청할 것인가? 혹은 전혀 요구하지 않고 배우자와 가족에게 기댈 것인가?

질문 14.

통증이 사라지지만
죽음을 앞당기는 약이 있다면

나는 54세, 유방암 말기다. 병에 걸리고 10년, 수술부터 항암제 치료, 방사선 치료까지 풀코스로 치료를 받았으나 계속 유방암이 재발해서 죽음을 또렷하게 의식한 상태다.

게다가 온몸의 뼈로 암세포가 전이되어 말로 표현하지 못할 고통을 느낀다. 담당 의사인 이토 선생님과도 몇 번이나 대화를 나눴는데, 나는 가능하면 평소처럼 생활하고 싶기에 호흡 억제 등 여러 위험성이 있는 모르핀을 대량으로 쓰는 데는 선생님도 나도 신중한 쪽이다. 늘 곁을 지켜주는 착한 딸은 고통스러우니까 가능하면 쓰라고 권하지만, 모르핀 때문에 딸이나 남편과 보내는 시간이 줄어들지도 모른다.

그런데 이토 선생님이 유럽에서 최근에 개발된 획기적

인 신약을 추천했다. 아직 일본에는 들어오지 않았는데, 선생님의 연줄로 특별히 임상 시험 프로그램에 참여해 쓸 수 있다고 한다. 다만 이 약은 통증을 완전히 없애주지만 죽는 시기를 확실히 앞당긴다고 한다. 이토 선생님에게 죽는 시기를 어림잡아 계산해달라고 억지로 부탁했더니, 어제 결과를 알려주었다. 그것을 보고 나는 많이 놀랐다.

약을 쓰면 통증은 완전히 사라지지만, 지금부터 3년 후인 57세 생일에는 반드시 세상을 떠날 거라고 한다. 약을 쓰기 시작하면 3년이 내 남은 수명이다.

어제부터 고민이다. 며칠을 생각해도 결론을 내지 못할 것 같다. 오늘은 딸이 곧 올 거다. 내가 좋아하는 애플파이를 구웠다며 손녀 주리와 같이 놀러 온다고 했다. 오늘은 주리의 네 번째 생일을 축하하는 날이니까 숙연한 이야기는 피하고 싶은데…… 베개 밑에 숨겨놓은 계산서를 딸에게 보여줄 수 있을까?

내비게이션 죽는 시기는 명확하게 앞당기지만 통증을 완전히 없애주는 약.

정말이지 궁극의 선택이다. 인생에서 하고 싶은 일이 앞으로 얼마나 있는지 정확하게 측정할 수 있다면 써도 괜찮을까? 손녀가 초등학교에 입학할 때까지, 중학생이 될 때까지, 결혼할 때까지……. 앞날을 계속 생각하면 도대체 이 약을 언제부터 쓰면 될지 모르겠다.

또 의사가 임상 시험이라고 했으므로 사용하더라도 환자가 시기를 자유롭게 선택하지 못할 것이다. 우선 혼자 생각할 문제인가, 딸과 함께 생각할 문제일까? 이런 시점으로 결론을 내보자.

질문 15.

치료 방법을 두고
의사 소통이 불가능하다면

나는 94살, 60대에 새로운 사생관을 만난 후로 순조롭게 살아왔다. 일단 120살까지 살아도 무리 없게 준비해두었다. 아들 가족, 딸 가족과의 관계도 양호하고 친구들도 아직 많이 살아 있다.

몇 년 전 신경에 난치병이 생겨 누워 지내게 된 바람에 날 좋은 봄과 가을에 연 2회 개최하는 친구들과 (리얼) 골프 대회에도 참가하지 못하지만, 70대에 배운 VR로 메타버스 골프를 즐긴다. 호적수는 고교 시절 옆 반 축구부였던 미요시다. 지난달의 정례 토너먼트에서는 오랜만에 최고 스코어를 내며 우승해서 승리의 단술에 취했다.

……지난주까지는 그렇게 생각했다. 지금 나는 절망의 구렁텅이에 빠졌다. 사흘 전 아침부터 BMI(브레인 머신 인

터페이스)로 움직이는 VR의 소리가 나오지 않았다.

그날 아침부터 가족들은 눈앞에서 허둥거렸다. 주치의인 방문 진료의 나쓰메 선생님에게 연락하고, 신경 전문의에게도 문의한 것까지는 아직 보이는 시야와 소리로 알았다. 그런데 내 목소리가 나오지 않았다. 곤란할 때 쓰려고 한 눈깜박임에 반응하는 키보드도 도통 움직이지 않아 메일도 보낼 수 없다. 그로부터 이틀 이상 지났는데 개선되지 않았다. 수리업자 같은 사람들도 어제 아쉬워하며 떠났다. 머리맡에 모인 가족의 모습을 지켜보니, 기기의 문제가 아니라 BMI로 전달하는 내 뇌파 정보가 너무 약해서 작동하지 않는 건가 보다. 나이를 먹으면 뇌파가 약해진다는 설명을 들어서 고가의 기기를 쓰는데 그래도 안 되는 건가. 나는 천장의 한 지점을 응시했다. 작은 벌레가 꿈틀거린다. 저 벌레보다도 내가 자유롭지 못하다.

어젯밤은 차라리 이대로 죽는 것도 좋겠다고 생각했다. 지금까지 인생을 돌이켜보면 충분히 즐겼으니 후회는 없다. 그렇게 생각하자 마음이 편해져서 어젯밤은 푹 잤다.

아니, 잠깐. 아침이 되어 다시 기분이 우울해졌는데, 연명 의사 표시를 '있음'에서 '없음'으로 바꾸지 않은 게 생각났기 때문이다.

작년 1월에 없음으로 변경하려고 했는데, 첫 증손주의 결혼식이 겹쳐서 공증 증서를 만드는 번거로운 절차를 뒤로 미룬 것을 깜박했다. 그때 차분하게 의논해준 딸과의 대화를 떠올려봤는데, 내 의사 표시는 무기한이었을 것이다. 게다가 본인이 한 의사 결정이니 본인 이외의 사람이 바꿀 방법은 분명 없다……

내가 쓰는 호흡 보조 장치는 예전에 주류였다는 삽관해서 쓰는 인공호흡기와는 달리 간소한 것인데, 그래도 성능이 뛰어나서 50년은 버틸 것이다.

"아버지, 한 번만 더 키보드를 조작해봐요."

딸이 애원하는 목소리가 들렸다. 목소리는 똑똑히 들린다. 나는 딸을 향해 소리 없는 비명을 질렀다.

내비게이션　인생이 길어지면 사람들은 가족이나 의사와 상담하며 그때그때 신체 능력에 따른 다양한 의사 소통 방법을 확보하며 살게 된다. 내 의사가 상대에게 전해지지 않으면 안심하고 시간을 보낼 수 없다. 이 이야기의 주인공은 준비성이 뛰어난 성격이어서 충분한 준비를 해두었다. 그런데도 준비한 것 이상의 어려운 상황이 발생했다.

여러분은 이런 상황을 받아들일 수 있는가? 만약 받아들이지 못하겠다면 어느 단계에서 어떤 방법을 고려해야 할까?

일반적으로 다양한 상황을 전부 포함해서 사전 지시서를 쓰는 것은 어려운 일이다. 경험이 없는 우리가 상상하기는 쉽지 않으니, 유언장을 예로 들어 생각해보면 좋겠다. 모든 상황을 전부 예상하고 유언을 쓰는 일은 쉽지 않다. 마찬가지로 치료 방법이나 연명 치료 의사 표시도 다양한 상황을 전부 커버하기는 어렵다.

물론 사회 전체적으로 이런 의사 표시의 기회가 늘어날 테니 시대에 맞춰 고안한 서식이나 간단한 입력 방법 등을 행정 및 의료 기관이 준비해줄 것이다. 그래도 이 이야기와 같은 일은 얼마든지 일어날 수 있다. 이제 여러분이 생각한 대책을 한번 적어보자.

질문 16.

우리 곁에 남은 사람이
모두 사라진다면

나는 곧 62살이 되는 회사원이다. 젊은 시절에 프로 선수를 꿈꾸며 복싱을 해서 몸은 아주 강인하다. 그러나 정신적인 면은 약하다. 보통 복서라면 강하다고 생각할 텐데, 복싱할 때만 그렇고 모든 때에 강하진 않다. 언제나 강한 것은 고릴라나 고래 같은 다른 동물이지 인간이라면 강한 수컷은 섬세한 법이라고 믿는다.

특히 고독에서 오는 쓸쓸함이 싫다. 나는 가정 환경이 조금 복잡해서, 어머니가 끔찍하게 사랑하며 키워주셨으나 아버지는 기억하지 못한다. 어린 시절에 같이 살던 남자는 어머니의 파트너였지 내 아버지는 아니었다.

어린 시절이 그랬던 탓인지, 내가 가정을 꾸미는 그림을 상상하지 못했는데 다행히 복싱을 하면서 만나게 된 아내가 아름답고 따뜻한 사람이어서 이 사람과 함께라면 가정을 꾸릴 수 있겠다고 생각했다. 그래서 결혼했고, 일남일녀를 낳았으니 참 행복한 인생이었다고 생각한다. 아이들도 다 커서 집을 떠난 지 오래되었다.

그런데 최근 불행한 일이 줄지어 일어난다. 어머니가 유방암에 걸렸는데 너무 늦게 발견해서 손 쓸 틈도 없이 돌아가셨다. 이것만으로도 충격인데 그때까지 건강상 큰 문제가 없었던 딸이 마치 사랑하는 할머니를 쫓아가는 것처럼 염증성 유방암에 걸리고 순식간에 악화되어 세상을 떠난 일은 더 큰 충격이었다.

딸의 죽음은 가족에게 아주 큰 상흔을 남겼다. 아내는 거칠어졌고, 공격적인 아내의 희생양이 된 갓 결혼한 아들은 어느 날 크게 싸우더니 부모와 인연을 끊겠다고 선언하고 집에 발길을 끊었다. 지금은 연락도 안 된다.

이렇게 나의 소시민 같은 행복은 무너졌고, 결국 아내와 나만 남았다. 아내도 예전처럼 심각한 상태는 아니지만,

영혼이 빠져나간 껍질 같아서 인생을 함께 즐기지는 못한다. 게다가 노인성 우울병 진단을 받아 누워 지낸다. 대체 무엇이 상황을 이렇게까지 만들었을까.

지금 내가 처한 상황을 생각해보았다. 침대에 누워 지내는 아내에게 안 좋은 일이 생기면, 나는 외톨이가 된다. 지금 아내는 내게 의존하는 존재지만, 아내까지 잃는다고 생각하면 미쳐버릴 것만 같다.

내가 자란 환경이 가져온 업보일까.

앞으로 몇 년 후면 외톨이가 되리라고 예감한다. 확신에 가깝다. 죽을 때는 누구나 혼자라고 한다. 인생의 스승인 옛 상사가 당당하게 했던 말인데, 그 뜻을 이제는 알 것 같다. 가족이 있고 없고와는 다른 차원에서 심원한 인생의 명제다.

'결국 모두가 사라진다'는 것에 저항할 필요가 있을까? 늘 그렇듯이 안주도 없이 위스키를 마시며 밤새워 생각에 잠겼다.

내비게이션 인생의 순조로운 시기란 누구에게나 똑같이 주어지지 않는 것 같다. 이 주인공처럼 가족들에게 둘러싸여 행복하게 사는 것 같다가도 어느 날을 경계로 상황이 급속히 바뀌기도 한다.

이 정도로 극단적이지는 않아도 비슷한 일은 누구에게나 생길 수 있다. 인생이나 생활은 원래 변하는 법이니, 의학이 아무리 발달해도 이런 문제는 여전히 존재한다.

만약 이렇게 외톨이로 가는 길을 걸어가고 있다면, 여러분은 어떤 대책을 마련할 것인가? 아니면 현실을 있는 그대로 받아들이는 길을 선택할 것인가? 생각해보면 좋을 문제다.

질문 17.

연인이 안락사 기계를
갖고 있다면

나는 45살이고 띠동갑인 남자 친구와 동거한다. 아이를 낳을 생각은 없다. 부모님과 친구들이 왜냐고 백 번 넘게 물어봤는데, 단순하게 답할 문제가 아니다. 예전부터 아이를 싫어했는가 하면 딱히 그렇지 않고, 자식이나 손주와 함께 시간을 보내는 모습을 꿈꾼 적도 있긴 하다. 자연스럽게 생기면 좋겠다고, 지금 남자 친구와 동거를 시작하면서 생각했던 것도 같다. 그러나 생기지 않았다.

지금은 매일 평화롭다. (호적상 부부는 아니지만) 맞벌이로, 아이가 없는 만큼 친구들보다 금전적으로 여유로워 여행을 가거나 가끔 맛집에 가고, 갖고 싶은 물건도 굳이 참지 않고 사는 이 생활이 나는 마음에 든다. ……하지만 언제까지 이렇게 살 수 있을까? 머릿속에 늘 의문이 도사린다.

나와 남친이 함께 사는 집에는 각자 상대방을 절대 들이지 않는 방이 하나씩 있다. 침범할 수 없는 개인 영역이다. 남친은 특히 그런 규칙을 잘 지키는 사람이어서 내 공간에 성큼성큼 들어오지 않는다. 나 역시 남친의 방에 들어가지 않는다. 그런 거리감이 딱 적당하다.

그런데 얼마 전에 규칙을 깰 수밖에 없는 이례적인 상황이 발생했다. 남친이 외국에 출장을 간 동안 화재경보기 점검업자가 왔다. 그 전에 몇 번이나 집을 비워서 업자를 바람맞힌 적이 있다. 아파트 관리조합에서 점검받으라고 강조했는데 그날이 점검일인 줄 까맣게 잊었다. 사실 잊은 쪽은 남친이다. 왜냐하면 화재경보기는 남친 방에 있으니까. 나는 출장 중인 남친에게 메시지를 보내고, 읽었다는 확인이 뜨기 전에 업자를 안으로 들였다.

남친의 방에 처음 들어갔는데, 방 한구석에―한구석이라고 할 수 없게 크기가 거대한― 장치가 놓여 있었다. 스타일 멋진 미니 사이즈 스포츠카 같은 형태였다.

나는 바로 알아차렸다. 이거 사르코라는 그 장치잖아. 자살할 수 있는 기계, 안락사 머신이다. 밀폐된 공간에 들어가 버튼을 누르면 사람을 죽이는 가스가 나오는 형식이라고 알고 있다. 오래전에 호주에서 개발했고, 여러 나라에서 사용 허가를 내리는 추세라는 뉴스를 봤다.

점검업자가 돌아간 후, 혼자 남은 나는 혼란스러웠다. 온갖 의문이 머릿속에 떠올랐다. 왜 이렇게 엄청난 물건을 나한테 일언반구 없이 샀지? 애초에 남친은 이걸 왜 샀을까? 나한테 한마디 상담도 없이? 혹시 중병에 걸렸나?

생각해봤지만 나도 남친도 노후에 관한 이야기는 했어도 노후 그 너머에 관한 이야기는 여태까지 나눈 적 없었다. 뒤늦게 실감했는데, 남친은 곧 환갑이다.

며칠 뒤 출장에서 돌아올 그에게 어떤 질문을 할지 생각하면서, 나는 점점 더 겁에 질렸다.

내비게이션 안락사 머신을 보고 여러분은 몹시 놀랐을 테다. 지금 머신을 산 남친과는 연락이 안 된다. 짧은 메시지로 감정이 전해지지도 않을 테니 얼굴을 보고 대화할 수 있을 때까지 화제로 삼기 싫은 게 본심이다.

자, 여러분은 연인이 치명적인 병에 걸려서 가까운 미래에 안락사를 바란다면 그를 도울 것인가? 같이 살자는 약속은 했으나 죽음에 대한 약속은 아직 하지 않았다. 자기 방이라지만 공동 생활 공간인데, 초보 주제에 덮어놓고 값비싼 골프 세트를 사는 것과 비슷한 느낌으로 모든 것을 끝낼 안락사 머신을 급히 들이면 감정적으로 순순히 받아들이지는 못할 것이다.

그러나 이건 사실 중요한 질문이다. 둘이 함께 죽음이라는 문제를 생각할 좋은 타이밍이다. 연인의 바람이 안락사라면 여러분은 그 일을 도울 것인가? 만약 연인보다 먼저 여러분이 죽을병에 걸린다면, 그의 안락사 머신을 빌릴 것인가?

질문 18.

안락사 서비스를
주문할 수 있다면

"엄마. 100살 생일 선물, 뭐 갖고 싶어?" 딸 아야코가 물었다. 나는 팸플릿을 쓰윽 내밀었다.

'마중 서비스~ 평온한 죽음을 선사합니다~'

반년 전부터 선물은 이걸로 정해두었다.

이 서비스는 안락사의 한 형태로, 최근 대대적으로 유행한다. 내가 예상하지 못하는 타이밍에 확실하게 죽음을 선사하는 서비스다.

자세한 내용은 공개되지 않아서 어떤 형태로 죽음을 맞이하는지 모르지만, 지난주에 방영된 텔레비전 방송에서 체험자 가족이 인터뷰하면서 세상을 떠날 때 고인은 평온했고 서비스를 이용하길 잘했다고 생각한다고 회상했다. 어느 가족이나 오랜 세월 간병을 했으니 그 말에 설득력이 있었다.

"아야코, 나는 이걸 원해."

"어, 뭐야 이거…… 정말 이런 걸로 돼? 이제 추워지니까 스웨터나 새 가습기 같은 걸 생각했는데."

"그런 건 이제 있어도 없어도 크게 상관없으니까……. 혹시 너무 비싸니?"

비용이 확실히 저렴하진 않은데, 의료기관이나 대형 금융기관과도 제휴한 서비스여서 초기 비용 없이 생명보험에서 돈을 충당하는 방법도 있으므로 의외로 돈은 문제가 아니라는 걸 이미 조사했다. 오늘은 어떻게든 아야코를 설득하고 싶다.

"마당에 수선화가 피기 시작했네."

아야코는 이야기를 돌리려고 필사적이다. 아야코나 멀리 떨어져 사는 장남 히데아키를 생각하면 애틋한 감정이 북받친다.

……아니지, 사실은 아야코도 망설이는 척하면서 내심

괜찮을 것 같다고 하고 있을지도 모른다. 나는 산책 친구 교코 씨와 나눈 대화를 생각했다. 교코 씨네는 자식들이 팸플릿을 가지고 와서 추천했다고 한다. 노인의 마음도 여러모로 복잡하다.

'예상하지 못하는 타이밍'이라는데, 마중 대기 기간이 1년, 3년, 10년이어서 이것도 고민이다. 손주들의 성장은 충분히 지켜봤고, 유언장이나 ACP 시트 기재도 마쳤다. 그러나 막상 마중을 확정했다가 '못다 한 일이 있으면 어쩌지?' 하고 불안해질까 봐 고민이다……. 필요한 일은 다 해놓고 싶다. 도중에 마음이 바뀌면 대기 기간을 변경하는 옵션도 있는데 신청하는 비율이 꽤 높다고 한다. 다들 시기를 결정하지 못하는 모양이다.

마당을 보러 나갔던 아야코가 방으로 돌아와 차를 우려주었다. 자, 슬슬 설득을 마무리해야지. 나는 아야코에게 다시 '마중 서비스' 이야기를 꺼냈다.

내비게이션 이번 이야기에 등장하는 기술이 실제로 제공될 일은 없겠지만, 중요한 시사점이 있으므로 현실이라고 생각해보자.

자, '마중 서비스'를 어떻게 생각하는가? 이용하고 싶은가? 이용하기 싫은가? 만약 이용한다면, 대기 기간을 얼마로 하겠는가?

죽지 않는 시대의 노후를 말하다 보면, 언제까지고 죽지 않는다는 사실에 불안감을 품는 사람이 많다. 최근 들어 특히 그런 경향이 강해진 것 같다. 예전에는 오래 사는 것을 무조건 환영했는데, 생각에 변용이 생긴 것은 주로 21세기에 들어서면서부터의 현상으로 보인다. 의학 진보로 심신이 저공 비행하는 상태로 목숨을 부지하는 삶에 대해 느끼는 공포가 아닐까. 인공호흡기나 위루술…… 이런 전형적인 생명 유지 기술에 누구나 복잡한 심경을 품었을 것이다.

이런 상황인데도 일본은 안락사를 여전히 허용하지 않고 있다. 허용은 커녕 안락사 논의가 성숙하게 이루어지지도 않았다고 지금까지 계속 지적했다(3장, 4장 참조). 그러나 심신이 저공 비행인 상태로 목숨을 부지해야 하는 상황을 모두가 인지하고 이해하면, 자연히 죽음을 희망하는 사람이 어떻게 죽음을 획득할지가 중요한 주제가 된다.

질문 19.

의미 있는 인생에게
생명을 나눠줄 수 있다면

돌아가신 어머니가 꿈에 나와 하신 말씀이 내 안에서 맹렬하게 메아리친다. 나는 아버지의 인생을 정말 아무것도 몰랐다……

올해 60살이 된 내게는 친구가 있다. 한창 일할 나이인 40대 초반인데 중병을 앓는 여성이다. 벌써 10년 가까이 투병해서 몸 여기저기 안 아픈 데가 없고 지칠 대로 지쳤다. 그녀는 뭐든 열심히 노력하지만 보람 없이 헛도는 면이 있어서, 성공을 거둔 인생이라고 하긴 어렵다. 그래도 최선을 다해 자기 삶을 살아가려 한다.

나는 그 친구에게 뭔가 해주고 싶어서 안달이 났다. 그러나 내가 해줄 수 있는 일을 찾지 못해서 친구를 생각할 때면 늘 무력감을 느낀다.

한편, 올해 85살이 된 우리 아버지는 매일 건강하게 산다. 물론 나이가 있으니 몸 상태가 저조해지는 해프닝도 종종 있지만, 다행히 치매 증상도 없고 입원할 정도의 병도 없으며 몸져눕지도 않았다.

그러나 아버지가 삶을 즐기는 것 같진 않다. 매일 흐리멍덩한 상태로 툭하면 앓는 이야기나 해서 주변 사람들을 곤란하게 한다. 그래도 부모님인데 너무 냉정하게 대하나 싶어 죄송한 순간도 있지만, 아버지의 한심한 모습을 보면 그런 마음도 금세 사라진다.

아버지를 볼 때면 자연히 친구가 생각난다. 아버지의 건강과 시간을 친구에게 줄 수는 없을지 곰곰이 생각하곤 한다. 내 마음대로의 일차원적인 생각이겠지만, 모든 일에 무기력한 아버지와 최선을 다해 살려는 친구를 보면 왠지 모르게 안타깝고 슬퍼진다.

어제도 아버지 때문에 충격적인 일이 있었다. 가족이 교대로 아버지를 돌보는 것도 슬슬 한계여서 아버지의 허락을 얻어 요양 시설에 들여보내려고 검토했다. 남동생, 여동생과 상담해 간신히 돈도 마련했는데, 아버지가 뒤늦게 우리 계획을 반대하고 나선 것이다. 아버지가 시설에 연락해서는 상담 약속을 취소하는 사건이 발생했다. 욕설을 퍼부었는지 시설에서 넌지시 항의 전화를 걸어왔다.

화가 나서 어젯밤은 도무지 잠들지 못했다. 뜬눈으로 지새우던 나는 언제부턴가 아버지의 수명 일부를 친구에게 나눠주는 공상을 시작했다. 의학적인 지식은 없고 현실적인 이야기도 아니지만…… 아버지가 앞으로 10년에서 20년 산다고 치면 그 인생의 몇 년을 친구에게 나눠줄까? 친구 외동딸이 올해 중학교에 입학한다고 했으니까 10년분 정도면 괜찮을까……. 어젯밤에는 공상에 빠진 채 잠들었나 보다. 꿈에 돌아가신 어머니가 나타나 차분하지만 강한 어조로 나를 타일렀다.

"애야. 아버지가 어떤 사람인지 알긴 하니? 아버지는 가오루 네가 태어나기 전에도, 태어난 후에도 고생을 정말 많이 하셨다. 지금 네가 이렇게 잘 사는 것도 아버지가 뒤에서 물심양면 도와주신 덕분이잖니!"

그랬다. 도쿄에서 살고 싶다는 나를 유일하게 옹호해준 사람이 아버지였다. 어머니와 담임 선생님을 포함한 모두가 상경에 반대했다. 세월이 한참 지나서야 알았는데, 아버지만이 내가 상경할 수 있게 뒷받침해주었다.

아버지가 젊은 시절에 얼마나 고생했는지도 모른다. 지금까지 단 한 번도 신경 써본 적 없었다. 우리 남매가 성장할 때까지 분명 내가 모르는 곳에서 아버지는 굉장히 고생했을 것이다. 그 사실을 깨닫자, 기겁했다. 따가운 아침 햇살이 혼쭐을 내는 것처럼 내 얼굴 위로 내리쬤다.

……그렇다면 아버지의 인생이 아니라 내 인생을 주면 되겠네. 앞으로 40년쯤은 살 테니까 10년 정도라면 괜찮겠다. 아니, 25년은 어떨까? 나는 새로운 계산에 몰두했다.

내비게이션 　두 사람의 전혀 다른 인생, 이는 비교할 수 없다. 그런데도 우리는 '가치 있는 인생'과 '가치 없는 인생'을 생각한다. 하지만 살아 있는 본인에게 인생은 한 번뿐이다. 가치가 있는지 없는지 남이 이러쿵저러쿵 말할 수 없다.

남의 목숨을 왈가왈부하는 것……. 이는 상대가 아무리 자기 아버지라도 거만하고 불손한 일이다. 모독이라고도 할 수 있다. 개인적인 의견을 강요하려는 의도는 없지만, 나는 설령 부모든 남이든 타인의 목숨을 언급하는 일은 엄연한 월권 행위라고 본다. (설령 폭력적인 부모라도) 부모의 죽음도 친구의 죽음도 내게는 이인칭, 삼인칭의 죽음이다. 남의 일이다. 이인칭과 삼인칭도 물론 엄연히 다르지만, 어쨌든 둘 다 일인칭은 아니다.

아버지의 삶과 죽음은 일인칭이 아니니까 내줄 대상이 아니다. 그렇다면 일인칭인 나의 삶과 교환한다면 친구에게 목숨을 내준다는 생각이 용인될까? 의외일 수 있는데 이것 역시 단순한 문제가 아니다. 다른 개인의 소유물과는 다르게, 자기 삶이라고 해서 혼자 묵묵히 처분할 수 있는 대상은 아니라고 본다. 4장에서 다룬 죽음의 자기 결정권 개념을 다시 살펴보자.

질문 20.

당신은 몇 살까지
살고 싶은가?

갑작스럽지만 여러분 자신의 죽음을 의식하면서 시간을 되짚어 회상하는 시간을 갖겠다. 다음의 3단계를 따라 생각해보자.

1단계. 초등학교 고학년, 아마 이때쯤 '죽음'이라는 개념의 존재를 깨닫지 않았을까. 더 조숙했던 사람도 있을 것이다. 반대로 초등학교 고학년 때까지도 아직 죽음의 존재를 의식하지 않은 사람이라면, 죽음의 존재를 의식한 때가 언제인지 떠올려보자. 처음으로 죽음의 존재를 의식했을 때, 여러분은 몇 살까지 살 것 같다고 생각했는가?

2단계. 다음으로 고등학교를 졸업하고 대학에 입학한 시절, 혹은 사회인으로 첫발을 내디뎠을 시절이다. 인생에는 꽃길 같은 희망과 냉정한 현실, 이 두 가지가 있음을 이때쯤이면 어렴풋이 이해한 사람이 많을 것이다. 그 시절로 돌아가 몇 살까지 살 것 같다고 생각했는지 자문해보자.

3단계. 그 후로는 자유롭게, 현재도 좋고 앞으로 70세, 80세, 90세……를 맞이한 당신은 몇 살까지 살고 싶은가? 아마도 달라질 텐데 그런 변화를 초래한 요인으로 무엇을 꼽을 수 있는지 생각해보자.

내비게이션 이번에는 여러분의 과거, 현재, 미래를 떠올리며 몇 살까지 살고 싶은지, '당시' 몇 살까지 살겠다고 생각했는지를 떠올려보자. 아주 단순한 설문인데, 옛날 일을 떠올리는 게 생각보다 쉽지 않다. 인간은 망각의 동물이어서 잊음으로써 앞으로 나아가기 때문이다. 그래도 그 나이대의 가족 구성이나 자신이 처한 환경을 생각하고 '몇 살까지 살고 싶은지'의 변화를 적어보자.

조금 싱거운 이야기인데, 나는 젊어서부터 '앞으로 평생 같은 음식을 세 가지만 먹을 수 있다면 뭘 먹을까?'를 반복해서 자문자답한다. 나 자신을 이해하고 싶어서 하는 것뿐이지 깊은 의미는 없다. 처음 만난 사람에게 물어보거나 술자리에서 친구에게 물어보기도 한다.

지금 나(59살)의 대답은 '초밥, 카레, 장어'다. 35살 때부터 거의 달라지지 않았다. 그보다 젊었을 때는 육고기가 꼭 들어갔는데 30대 후반부터는 후보에 오르지 않는다. 이 자문자답을 꾸준히 하는데, 메밀국수(아주 좋아한다)나 라면 같은 면류는 선택지로 떠올라도 보통 기각된다. 그러나 앞으로 60대, 70대가 된 후에도 지금과 같은 세 가지 음식을 주장하리라는 자신은 없다. 사람의 생각은 나이에 따라 변한다는 소리다. 또 당연하게도 늘 똑같아야 할 필요도 없다.

자신의 죽음을
디자인하라

여기까지 함께해주신 여러분, 어떻습니까? 의학이나 의료가 진보했다고 막연하게 알고는 있었어도 우리의 삶과 죽음의 경계에 실제로 이렇게 영향을 미친다고는 미처 실감하지 못했을 수도 있겠지요.

5장에서는 스무 가지의 구체적인 질문을 제시했습니다. 독자 여러분, 잘 생각해보셨나요?

이 책에서 꾸준히 언급했듯이 죽음은 예전처럼 예상 불가능하게 갑자기 나타나는 골치 아픈 존재가 아니라 개개인의 삶의 시간과 죽음의 시간을 구분하는 소중한 친구로 그 모습이 달라지고 있습니다. 적어도 죽음을 다루기 까다로운 존재니까 의식 아래로 내몰아 매일의 인생 항해를 방해하지 못하도록 할 필요는 없습니다. 죽음의 양상을 적극적으로 생각해도 되는 시대입니다.

나는 이 책을 통해 죽음의 디자인을 제안하고 싶습니다.
죽음의 디자인이란 무엇일까요? 앞으로의 시대, 우리는 인생 계획에 죽음을 명확히 넣고, 어떻게 죽음을 맞이할지 의식하며 살아야 합니다.

- 몇 살까지 하고 싶은 일을 다 할 수 있을까?
- 그 시점에서 가족 구성원은?
- 혹은 가족이 없다고 가정하는가?
- 자산을 어떻게 쌓고 쓸 것인가?
- 의사와 상담하고 싶은가? 상담한다면 무엇에 관해 어느 정도 깊이로?
- 어떤 형태의 죽음을 어떻게 인생에 도입하겠는가?

이런 문제를 '긍정적으로' '즐겁게' 생각하고 싶습니다.

그건 그렇고.

이 책을 쓴 저 자신도 어떻게 죽음을 준비할지 아직 생각을 정리하지 못했습니다. 음, 뜻밖의 발언이죠? 그렇다면 이런 소리를 늘어놓을 자격이 없지 않으냐고 비판받을지도 모르겠네요.

어린 시절 이야기를 잠깐 하겠습니다. 저는 죽는 게 너무너무 무서웠던 소년 시절을 보냈습니다.

언제부터였는지는 정확히 기억하지 못하는데, 문득 정신을 차리자 이미 제게 죽음은 너무도 두려운 존재였습니다. 저는 건강했고 가까운 누군가가 죽거나 큰 병에 걸리지도 않았으며 소설이나 드라마를 보고 비슷한 생각을 한 것도 아닌데, 왠지 모르게 초등학교에 입학할 무렵부터 그랬습니다.

물론 24시간 내내 그 생각만 한 건 아니고, 늦게까지 친구와 노느라 해가 이미 저문 뒤 집에 혼자 돌아갈 때나 한밤중에 문득 잠에서 깼을 때, 갑자기 죽음의 공포—정확히 말하면 자신이 존재하지 않는 공포라고 할까요—가 덮

쳐왔습니다. 어머니는 그럴 때 제 이야기를 잘 들어주셨습니다. 그렇다고 해결 방법이 없으니 이빨을 드러낸 공포감을 잠깐 쫓아 내보내는 정도였지요.

기억하기로 초등학교 3학년 때였습니다. 여름방학이었는데, 당시 오사카 도요나카시에 살던 저는 한큐 전철 다카라즈카선을 타고 주조에 있는 수영 학원에 다녔습니다. 선이 가늘고 마른 체구였던 저는 어머니의 명령으로 2주간 특별 수업에 참여했지요. 어느 날 아침, 붐비는 전철 안에서 갑자기 평소 느끼던 죽음의 공포가 달라붙었습니다. 수영 코치도 무섭지만 오늘은 죽는 게 더 무서웠어요. 저는 견디지 못하고 무심코 이렇게 말했습니다.

"……무서워."

9세 남자아이의 목소리는 생각보다 커서, 요란하게 달리는 전철의 출입문 근처 공간에 울려 퍼졌습니다. 적어도 어른 열 명 정도가 들었을 겁니다. 한동안 말없이 전철이 덜컹거리는 소리만 들렸습니다. 제 안에서 공포가 점점 더 커졌습니다.

"꼬마야, 왜 그러니? 뭐가 무서워?"

사람 좋아 보이는 회사원이 말을 걸었습니다. 당시 저는 나이를 짐작하지 못했지만, 지금 생각해보면 30살 정도의 평범한 사람이었을 겁니다. 제가 반응하지 않자, 그 사람은 전철의 진동도 개의치 않고 일부러 몸을 굽혀 저와 시선을 맞췄지요. 한 번 더 같은 질문을 해서 저는 어떻게든 대답할 말을 찾았습니다.

그러나 조숙한 초등학생이었던 저는 정말로 두려워하는 것을 이 사람에게 설명하기 어려울 테고 설령 의미를 이해하더라도 이 사람에게서 도움이 될 만한 대답을 듣는 일은 절망적으로 어려울 게 뻔하다고 생각했습니다.

한참 머뭇거리던 저는 대답했습니다.

"아무것도 아니에요."

회사원은 의아한 표정을 짓고 내 머리에 가볍게 손을 얹더니, 다시 원래대로 몸을 일으켜 책인지 신문인지를 읽기 시작했습니다.

죽음의 깊이, 인간의 업을 새삼스레 느낀 체험이었습니다.

저는 이토록 죽음을 두려워했고, 다정한 형이 손을 내밀어주었으나 그 기회도 살리지 못한 한심한 소년이었습니다. 그랬던 제가 우여곡절을 거쳐 미래 의료의 양상을 말하고, 죽음의 디자인을 주장한다는 것은 중요한 일입니다.

적어도 저는 9세의 저 자신에게 다정한 형의 목소리를 빌려 "죽는 걸 두려워할 필요는 없어. 앞으로 50년이 지나면 알게 돼. 나는 바로 너니까, 내가 나에게 보내는 메시지니까 믿어도 돼"라고 말해주고 싶습니다. 이해하지 못하더라도 어떤 안도감을 주긴 할 테니까요.

세월이 많이 흘렀으나, 부모님의 죽음에도 저는 깊은 상처를 받았습니다. 이 이야기도 조금 해보겠습니다.

아버지는 1997년에 심장 수술 후 상태가 급변해 돌아가셨습니다. 당시 저는 35세, 외국 유학을 마치고 돌아온 지 얼마 안 된 10년 차 의사였습니다.

그 시점의 의학 실력…… 아니, 의학 자체보다도 아직 햇병아리에 불과한 제 의사로서의 판단력을 과신했었나 봅니다. 오사카에 사는 아버지의 주치의는 수술이 어려우니 약물 치료로 상태를 지켜보자고 했으나, 저는 동료 의사의 연줄을 통해 당시 최고 수준을 자랑하는 의사에게 수술을 받자고 아버지를 설득했습니다. 수술 자체는 성공했으나, 럭비를 해서 몸을 단련했어도 오랜 세월 흡연자였던 70세 아버지의 몸은 수술 후의 기간을 버티지 못했습니다. 돌발적인 수술 후 후유증으로 오사카에서 멀리 떨어진 지방에서 객사하듯이 떠났습니다.

한심하게도 제가 전혀 예상하지 못했던 사태였습니다. 저는 어리석은 저 자신을 원망했습니다. 그 후로 몇 년간, 제 마음은 황폐했습니다. 세심하게 약물 치료를 했다면 10년은 더 사셨을 아버지를 다름 아닌 아들인 제가 죽음으로 몰아갔다고 자책했습니다. 결국 홀몸이 된, 유방암을 앓으며 혼자 사는 어머니의 쓸쓸한 표정을 볼 때마다 그런 자책이 파문처럼 일어 수없이 저를 덮쳐왔습니다. 도피하듯이 의학 연구에 몰두해 후회를 곱씹는 나날이 몇 년간 흘러갔습니다.

어머니는 1995년 65세 나이에 유방암 수술을 받았습니다. 당시 외과 수술은 림프샘까지 포함해 유방과 주변 조직을 크게 절제하는 수술이 주류였습니다. 다행히 치료가 잘 돼 이후로 어머니는 병과 어울려 살았습니다. 어렸을 때 어머니에게 배운 일병장수라는 말을 실천하는 삶이었지요.

그러나 어머니는 완만하게 진행되는 병과 조금씩 악화되는 치매로 점점 버티기 힘들어 보였습니다. 2009년 겨울 병원에 입원했다가 잠시 퇴원해서서, 저와 어머니 집 근처에 사는 여동생이 조금은 차분하게 지낼 수 있겠다고 안도한 당일, 어머니는 조용히 세상을 떠났습니다.

아버지가 떠난 후로 충분한 시간이 있었는데, 저는 어머니와 삶에 관해서도 죽음에 관해서도 제대로 대화를 나누지 않았습니다. 지금도 안타까운 일이라고 회상합니다. 어머니와 어떤 이야기를 나누면 좋았을까? 일하는 사이사이나 여행길에서 시간이 있으면 늘 생각합니다.

죽음을 놓고 혼자서, 부부나 가족과 함께, 또 술잔을 나누며 친구와 깊게 생각해보기를 진심으로 권합니다.

친구 고시모를
생각하며

이 책을 집필하던 2021년 9월 22일 아침, 믿을 수 없는 소식을 접했다. 3장에서도 언급한, 친구이자 은인인 고시모 가즈야가 세상을 떠난 것이다. 어떻게 이런 일이.

의료 기술과 불사에 관해 다룬 나의 첫 책인 『Die 혁명』을 낳은 부모는 바로 고시모였다. 머리를 맞대고 함께 기획을 짜냈고 출판사에 연결해주었으며, 문하생과 함께 제목도 생각해주었다.

원래 고등학교와 대학교 동기였는데 졸업 후에는 인연이 없다가 둘 다 50세가 되어서 우연한 기회에 가까워졌다. 그 후에 그는 큰 병을 앓았고 의사인 나는 치료의 여정을 같이 달렸다. 어떻게든 병을 낫게 해주고 싶었다. 그의 보기 드문 재능을 잃고 싶지 않았다.

물론 인간으로서도 존경심이 드는 그를 좋아하는데, 그 이상으로 그의 재능은 사회적 보물이었다. 나는 전력을 쏟았다. 치료가 좋은 방향으로 진행되어 암과 공존하며 계속 현역 크리에이터로서 살 수 있겠다는 전망이 보였다. 이제 앞날이 어두운 중환자가 아니다. 나는 서서히 그와 함께 일흔과 여든 살을 축하하는 그림을 그리기 시작했다.

그랬는데 그가 떠난 것이다.

'죽음은 사어가 된다.'『Die 혁명』 띠지에 이렇게 적은 건 너잖아. 나는 절망의 구렁텅이에 빠졌다. 물론 사람은 언젠가 죽는다. 이 문장은 극단적인 표현이다. 과학적으로는 옳지 않을 것이다. 그러나 말에 담긴 의미는 깊다. 인간이 유사 이래 두려워했던 형태의 죽음이 이제 존재하지 않으므로 '죽음은 사어'라는 말은 틀리지 않는다.

병은 사람과 닮는다는 말이 있다. 근거 없는 말이지만, 생각보다 이 말이 잘 들어맞는다. 의사로서 많은 사람을 지켜봤는데, 사람의 몸에 둥지를 튼 암은 주인과 비슷한 성격을 지닐 때가 은근히 많다.

일반인은 생각도 못 할 참신한 개념을 연달아 창조하는 고시모의 재능을 어느 정도 물려받았는지, 그의 암은 신출귀몰해서 재발을 반복했다. 그런 의미에서 암은 늘 그와 함께 있었다. 의학은 이 제멋대로인 암이 그의 생명에 지분거리는 것을 막지 못했다. 의학이 아직 '100퍼센트 완성되지 않았다'는 사실을 새삼스레 확인했다.

중요한 것은, 완성을 향해 나아가는 의료 덕분에 죽음이 지금까지 인류가 알던 죽음과는 질적으로 다른, 별개의 존재가 된다는 것이다. 이 사실을 철두철미하게 논의하고 결론지어 세상에 선보인 그 책은 그와 나의 공동 작품으로서 세상 무엇보다 귀중한 결실이었다. 이는 고시모 가즈야가 세상을 떠났어도 변하지 않는 사실이다.

저는 그와 함께 만들어낸 죽음의 혁명을 완성하기 위해 앞으로도 달릴 겁니다. 그의 시선을 의식하며 계속 글을 쓰겠습니다.

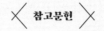

참고문헌

- 가토 시게타카 『인류와 전염병의 역사−미지의 공포를 넘어서(人類と感染症の歷史−未知なる恐怖と超えて)』 마루젠출판, 2013.
- 데이비드 A. 싱클레어·매슈 D. 러플랜트 『노화의 종말』 이한음 옮김, 부키, 2020.
- 엘리자베스 퀴블러 로스 『죽음과 죽어감−죽어가는 사람이 의사, 간호사, 성직자 그리고 가족에게 가르쳐주는 것들』 이진 옮김, 청미, 2018.
- 엘리자베스 퀴블러 로스·데이비드 케슬러 『상실 수업−상실과 함께 살아가는 법』 김소향 옮김, 인빅투스, 2014.
- 마쓰다 준 『안락사·존엄사의 현재−최종단계 의료와 자기결정(安樂死·尊嚴死の現在−最終段階の醫療と自己決定)』 주코신서, 2018.
- 무라카미 요이치로 『죽지 못하는 시대의 철학(死ねない時代の哲學)』 분순신서, 2020.
- 고자카이 도시아키 『신의 망령(神の亡靈)』 도쿄대학출판회, 2018.
- 시라이시 가즈후미 『내 안의 망가지지 않은』 양윤옥 옮김, 태일소담출판사, 2009.
- 히가시노 게이고 『인어가 잠든 집』 김난주 옮김, 재인, 2019.
- 『미쓰무라라이브러리 중학교편 제1권 붉은 열매 등(光村ライブラリー·中學校編 第一卷 赤い實 ほか)』 미쓰무라도서출판, 2005.
- 이와나미 유코 「장기 이식의 현상과 앞으로의 과제(1)~법 개정 배경과 국제 동향~(臟器移植の現狀と今後の課題(1)~法改正の背景と國際動向~)」

『입법과 조사(立法と調査)』 298호, 참의원, 2009.

- 시시도 게이스케「장기 이식 법제를 위한 프랑스의 추정 동의 방식에 관한 검토(臟器移植法制におけるフランスの推定同意方式に關する檢討)」 『문화공생학연구(文化共生學硏究)』 제10호, 오카야마대학 대학원 문화과학연구과, 2011.

**모두가 늙었지만
아무도 죽지 않는다**

1판 1쇄 인쇄 2023년 2월 3일
1판 1쇄 발행 2023년 2월 15일

지은이 오쿠 신야
옮긴이 이소담

발행인 양원석 **편집장** 차선화
책임편집 차지혜 **디자인** 정세화, 김미선
영업마케팅 윤우성, 박소정, 이현주, 정다은, 백승원
해외저작권 함지영

펴낸 곳 ㈜알에이치코리아
주소 서울시 금천구 가산디지털2로 53, 20층 (가산동, 한라시그마밸리)
편집문의 02-6443-8862   **도서문의** 02-6443-8800
홈페이지 http://rhk.co.kr
등록 2004년 1월 15일 제2-3726호

ISBN 978-89-255-7687-9 (03100)